JN171587

差別された韓国で気づいたふるさと日本

在日朝鮮人3世帰化人　金田正二

桜の花出版

まえがき

〝까마귀 날자 배 떨어진다〟（カラスが飛んで梨が落ちる）という南朝鮮（韓国）ではよく知られている諺があります。これは別々に起きた関係のない二つの事柄を組み合わせる事で、さも、この二つの事に因果関係があるかのように考えるというもので、そこから転じて「濡れ衣を着せられる」という意味で使われます。

こういった関係のない二つの事柄を結びつけようとする思考法は、様々な場面で見受けられると思いますが、私たち在日朝鮮人ほどこういった考え方から、「相手に濡れ衣を着せられた」と考える人が多い集団はないのではないかと思います。

在日朝鮮人はいつも自分たちを被害者だと考え、謝罪と賠償を請求します。しかし、在日朝鮮人とは不法入国者であり、被害者どころか加害者なのです。

私は、在日同胞と南朝鮮人、更には日本人にも真実を知らせたいという思いから、２０１４年に本書の元となる「在日朝鮮人から見た韓国の新聞」というブログを始めました。このブログには、日本人社会で一般に言われている在日朝鮮人に関する誤りを知ってもらいたいという願いも込めています。ブログの記事は、ソースを明示しながら書き上げています。きちんとしたソースから事実を見れば、在日朝鮮人が被害者でないことが明らかだからです。

例えば、日本は1946年3月までに140万人もの朝鮮人の帰還事業を行いました。民団の統計では1945年の在日朝鮮人の人口は111万5594人であり、1946年には64万7006人。140万人を帰還させても90万人を超える人が不法入国した事が分かります。なぜなら、この時期に朝鮮半島から日本へ公式に入国したのは日本人だけだからです。これだけでも私たち在日朝鮮人の多くが不法入国者である事は明らかです。

在日朝鮮人の主張は根本からして嘘ということです。

かつて日本人の友人と在日や南朝鮮人の話になった時に「朝鮮人は嘘をつく人が多いから」と言われたことがありました。更に、「企業同士の契約でさえ、きちんと守らないだけでなく、勝手に変更しようとしたり、時には自分の意見を通すためにどなったり、暴力を振るおうとする。そして、契約を取るためなら嘘も平気でつく」と言われたのです。

これは私にも心当たりがありました。自分が不利になった時や、少しでも優秀に見せるために見栄を張るなどといった心理が、確かに日本人よりも多いように感じました。

当時はまだ自分が在日だと伝えていなかったとはいえ、気心の知れた親友だと思っていた人から、朝鮮人に対して悪いイメージを持っていると言われたのはショックでした。

当時の私は、在日朝鮮人の多くがそうしているように「通名」を使っていました。しかし、通名を使うのは相手を騙すことでもあります。友人の言葉を聞いて私は通名をやめ、正直に生きようと決意したのです。彼も私が在日と知った時は驚いていましたが、今でも家族ぐるみの付き合いができています。それ以来、本名で生活してきましたが、地域社会でも勤めている日本の大手企業でも全く差別を受けたことはありません。それどころか、会社では重要な役職まで任されています。

人と人との関係は、嘘を元にするより、真実を元にした方が、ずっと健全なものになります。それは、国と国との関係も同じでしょう。日本人や南朝鮮人の間では、主に在日や南朝鮮側からの大小様々な嘘がまかり通っていますが、それは日本人のためにも南朝鮮人のためにも正されるべきです。今こそ在日朝鮮人も日本人も真実を（再）認識する時です。

朝鮮戦争休戦後、南朝鮮では「漢江《ハンガン》の奇跡」という急激な復興と経済発展を経験しました。この時の資金は日本から得たというのはよく知られている事ですが、その陰で在日朝鮮人から南朝鮮に対して多額の寄付が行われていた事はあまり知られていません。

父の古くからの知り合いが――もちろん在日朝鮮人ですが――東京の銀座にいるのですが、その人の持ちビルの最上階には当時の南朝鮮の大統領だった朴正煕からもらった感謝状が掲げられています。南朝鮮に対して当時のお金で1億円もの寄付を行った事に対して、表彰されたものですね。

実はこういった表彰をされた在日朝鮮人を金田は10人以上知っています。その当時の1億円は現在の貨幣価値でいうと3～4億円になるでしょうか。１９４５年に終戦を迎えてたったの15年ほどで銀座の一等地にビルを建て、1億円もの寄付ができるというのはどうすれば可能なのでしょうか。これだけではありません。ソウルオリンピックに至っては民団を通して在日朝鮮人は１００億円もの資金を集めています。

日本に生活基盤を持たない不法入国者が、僅かの間に多額の寄付ができるようになった。この裏でどういった事が行われていたかについて、今の若い在日朝鮮人はあまり知らないようです。もちろん、爪に火を灯すような苦しい生活をしていた同胞も多くいましたが、一般的ではない方法で短期間に日本人ではできないような稼ぎ方をしていた人が少なくなかったのです。これについても、その一端を本書の中に記してあります。

以前に比べたら減ってきましたが、日本人から差別を受けた、と主張する在日朝鮮人がいます。彼らこそ私たちが日本で行ってきた事を知らなければなりません。私たち在日朝鮮人に対する評価が芳しくないのは「カラスが飛んで梨が落ちる」ような全くの無実な状態で濡れ衣を着せられたのではなく、それ相当の行いの報いを受けているだけなのです。私たちの言葉で言うなら「1000年謝罪し続けて初めて、日本から赦しを乞う事ができるかどうか」なのです。

私たちは日本に対して謝罪を要求してきましたが、その要求は正当なものなのか、本当に謝罪すべきは日本人なのか、この本を通して考えて欲しいと思います。

二〇一八年一月

金田正二

【註】

※この本はネット上で公開してきたブログを元に加筆・修正や書き下ろしを加えて再構成したものです。著者は、日本に帰化し現在は日本国籍を取得していますが、帰化以前のブログの内容を基本的にそのまま掲載していますので、帰化していない旨の表記もあります。

※本書の中で「私たち」というのは、在日朝鮮人同胞や南朝鮮人を指している場合もあれば、広い意味で朝鮮人同胞を指している場合もあります。

※引用した新聞等の記事の多くは、記事の一部を抜粋したものとなっています。また、ソース記事に誤植と思われる個所があった場合も、元のまま引用しています。

目次

第1章　在日朝鮮人とは何者か

第2章　日本を乗っ取る在日・帰化人たち

第4章　在日と南朝鮮に壊される日本

第5章　在日と南朝鮮が日本人に隠しておきたい歴史

第6章 どうかしている南朝鮮

プロローグ　―私の帰るべき「ふるさと」―

私は日本で生まれ育った在日朝鮮人三世で、２０１５年に帰化し、日本国籍を取得しました。

関西在住で、高校までは日本で学びましたが、大学はソウルの某大学で学び、南朝鮮（韓国）で兵役にも就いたという、在日の中でも非常に特異な存在でした。当時は「民団の星」と目される程で、今でいう「極左」だったと言えるでしょう。

元々両親からは、小さい頃から日本に住むなら日本の文化を尊重するようにとの教育を受けてきました。しかし、まだ若かった私は、自分の出自に誇りがあったのと、親への反抗心も手伝って、一人祖国・南朝鮮へと旅立ったのでした。

ところが、祖国に淡い期待を抱いていた私に同胞と思っていた南朝鮮人から衝撃的な一言が浴びせられたのです。

「在日は裏切り者だ！」と。

南朝鮮では、大学でも軍隊でもどこに行っても「在日は戦禍を避けて祖国を捨てた裏切り者」として蔑まれ、決して同族としては見てもらえませんでした。

そんな南朝鮮での苦い体験を通して想い起こされたのが、日本にいた時に在日である私と私の家族を全く差別することなく温かく受け入れてくれていた近所のおじちゃんやおばちゃんたちの顔であり、「日本に住むなら日本に溶け込むように」との父の言葉でした。

そうです。私の帰るべき「ふるさと」は、血の繋がりのある南朝鮮にではなく、日本にあったことをまざまざと思い知らされたのでした。

また、それをきっかけに歴史の資料に当たることで、南朝鮮で学んだ歴史や左傾化した日本の自虐史観が誤りであったことに気づかされ、南朝鮮と在日による「反日」が非常に独善的で、いかに間違ったものであるかも、認識することができたのです。

それからというもの、在日同胞には本当の南朝鮮の姿を語るようになり、身近な同胞や南朝鮮の親戚たちに正しい歴史を話すようになりました。南朝鮮に住む親戚たちが私の話に耳を傾けてくれるようにと、最近まで帰化せずに活動してきました。

私がなぜ「日本人」として生きようと決心するに至ったのか、日本に帰化し、日本のために尽くすことが、なぜ在日の正しい生き方だと考えるのか。

一言で言うと、南朝鮮について私たちが教えられ、信じていたことが嘘だったということに気づいたからです。南朝鮮や在日についての嘘が信じられているうちは、日本と南朝鮮の間の問題は解決しないでしょう。先ず嘘を嘘だとはっきりさせなければ始まりません。

この本では、私が実際に体験したことだけでなく、南朝鮮の新聞などに基づく客観的な根拠に基づいて真実を明らかにするように努めています。普通の日本人なら、まず知らない内容が多くあるはずです。

ところで、私が韓国という言葉よりも「南朝鮮」を主に使っているのは、「韓」という字を充てた経緯と、その文字の由来が好ましくないからです。それを知れば私たちに全く自主性を感じさせませんし、今までの行いからすると本当は「寒国」でいいくらいとさえ思えてきます。どの国も朝鮮半島を韓半島なんて言いませんし。将来、南北が平和統一を果たしたら、普通に「朝鮮国」という名前がいいですね。

第1章　在日朝鮮人とは何者か

在日朝鮮人のほとんどは不法居留者

在日朝鮮人を一言で書くと「不法居留者」です。

私も小さい頃に、

「強制連行によって日本に連れてこられたのが在日である」

「そういった被害者なのだから在日特権があっても良い」

といった事を大なり小なり教え込まれていました。

ですが、これは嘘です。

「まえがき」に書きましたが、1945年に日本に住んでいた以上の在日朝鮮人を1946年3月までに日本は帰還させており、それにもかかわらず1946年末に64万人以上が在日朝鮮人として日本に住んでいました。

また、民団の下部組織である在日本大韓民国青年会の中央本部は『アボジ聞かせてあの日のことを―我々の歴史を取り戻す運動報告書―』（1988年、在日本大韓民国青年会中央本部刊）において在日一世1106名から聞き取り調査した結果を公表しています。もちろん、調査をした団体が中立の立場にはいないのですから回答は偏ってしまいますが、それにもかかわらず、「徴兵・徴用」によって日本に来た人は13・３％に過ぎないのです。（アボジ：朝鮮語でお父さん、父親）

そうです。在日朝鮮人の多くは、朝鮮戦争に起因する不法入国者だった事がここからも理解できるでしょう。

本来、私のような在日朝鮮人は明日にでも強制送還されても異議を唱えることができません（現在は帰化して日本国籍を取得しています）。

韓国政府は強制送還を拒否しましたので、私たちには帰る場所がありません。

ですが日本国の温情によって、日本に生活することができるようになったのです。

だからこそ、本来、在日は日本の温情に対する恩返しをしなければいけない存在で、祖国のためではなく、日本のために活動しなければいけないはずなのです。

私は納税をし、特権を使わず（還付特例を使わず）、また、年金も納めるなど義務を果たしています。

しかし、在日の現実はというと…。

（在日朝鮮人とは何者か？　２０１４・６・27）

南朝鮮人は知っている。在日が密航者だということを

民団は隠しますが、南朝鮮同胞、特に一世の人たちはみんな分かっていますよ。在日朝鮮人（オールドカマー）が密航者だってことを。以下はブログ上で、読者の皆さんからの投稿に答えたものです。

投稿：在日1世の方々が2世3世の人に向けて、昔毎月1回ですか？会報を出されていましたよね。その会報の初回の頃に「アボジ教えて」と言う題目で、在日1世の方々が何故日本に不法に又、済州島から難民として日本に来たかを、多くの在日1世の方が寄稿していました。

これは多分、先程取り上げた『アボジ聞かせて あの日のことを―我々の歴史を取り戻す運動報告書―』にまとめられているものですね。残念ですが、現在は入手はおろか閲覧すら難しいかもしれません。なぜかは分かりますよね？

投稿：在日特権の為に、2世の方々は事実を隠匿し、現在迄事実を子供達に教えていま

せん。まぁ、強制連行は嘘だとは知っているでしょうが。

残念ながら、私は南朝鮮に行くまで知りませんでした。知ったのは南朝鮮同胞に言われたから。

「お前ら在日は祖国を捨てた裏切り者だ！」ってね。

◆大金をかけてもできない命をかけた〝密航〟体験（2010・11・25済州の声）

［在日朝鮮人とはどういった人たちか］(17) 密航…彼らはどのように密航をしたか？

1950年代の密航と1960年代そして70年代の密航は様相が全く異なることがインタビューを通じて分かります。1950年代の密航は、済州島の産地港で船に乗る人々だ。しかし、1960年代、70年代になると済州島から船に乗った人はいなかった。主に釜山から船に乗っているのである。1960年代と70年代の密航船に乗るには、釜山影島も一役買っている。釜山影島は済州島の外にある小島である。現在もそうだが多くの済州島出身者が釜山影島に住んでいる。密航船が影島を通って済州島に入ったり、情報を得たりブローカーらに会うことになる。

こんな記事は結構あるんですね。それも、年代によって密航の仕方が違う（密航の理由が違う）事すら南朝鮮同胞は知っているんですね。知らないのは在日同胞だけ。恐らく、在日の若い子たちは今でも「自分たちは強制連行されてきた人の子孫」と本気で信じています。それなので、私は若い在日同胞に出会うと、何かの折に、「私たちは密航者の子孫なんだ」と教え続けています。それも、こういった南朝鮮の新聞を使って。だからこそ、在日特権なんて求めること自体がキチガイじみていますし、永住者に〝特別〟なんて必要ないんです。

本当ならね、在日自らが〝特別〟なんていらない、と主張すべきなんですよ。それを日本に住まわせてもらっているのに、日本人からそれを指摘されるなんて恥ずかしい事なんですよ。

私たちはあまり気がつかないことの一つに恥の概念が日本人と少し違っていることがあります。私たちは、例えば、人前で何かを指摘されるといった、外面的な恥は感じますが、内面的な恥はあまり感じません。日本人から指摘されたから、余計に意固地になるのは分からないでもありませんが、そこは、史実をしっかりと受け止めるべきです。

私たちが通名をどうして使い始めたか知っていますか？（通名：外国籍の人が日本国

内で使う通称名のこと。居住する市区町村への登録を条件に住民票に記載され、登記などの公的手続きや契約書などの法的文書にも使用できる。）

それは、自分は強制連行の子孫だと自分に言い聞かせるための小道具なんですよ。だからこそ、通名を使うと自分をウソで塗り固める人生になるのです。

（［リクエスト］　在日朝鮮人のほとんどは密航者　2015・5・3）

オールドカマーより悪いニューカマー

◆日本「不法残留者のうち20%は韓国人」…韓国大使館に自ら出国協助要請（2016・6・29　KBS）

日本政府は日本国内にいる韓国人不法残留者などが自発的に帰国するよう協力して欲しいと韓国政府に要請したと共同通信が29日報道した。

日本法務省入国管理局は韓国・中国・タイ・フィリピン・インドネシア大使館と台北

経済文化代表処に対して、各国出身の不法残留者が自国に自ら戻るよう促して欲しいと要請した。

入国管理局は当局に自主的に出頭した不法滞在者は一定の条件を満たしていれば拘禁しないで出国させる「出国命令制度」がある事を広報して欲しいと依頼してきた。

日本国内における不法滞留者の中ではこれらの国の出身の比率が特に高い。

入国管理局の統計によれば今年1月1日基準として日本国内不法残留者は約6万3千人となっている。

このうち、韓国人が約1万3千人と最も多く、次に中国人、タイ人、フィリピン、ベトナム、台湾そしてインドネシアの順となっている。

いつもの如く数字がおかしくなるのは南朝鮮メディア・クオリティです。

実際の不法残留者数は6万7人で、南朝鮮出身の不法残留者割合は22・7%というのが正しい数字ですね。およそ4人に1人が南朝鮮人。ちょっと恥ずかしくなる数字です。

なぜ、こんなに日本を嫌っている南朝鮮人が法を破ってまで日本に残留するのかというと、法を守るという精神を持ち合わせていないというだけでなく、やはり日本の方が数段住みやすいからです。エサを見つけたアリが仲間を呼び寄せるように、私たちも南朝鮮人を呼び寄せるのです。

私たちにはいわゆる区分けがあるんですね。

一般にはオールドカマーとニューカマー。

オールドカマーは終戦前から日本にいる人たちと戦後日本に不法入国して暴れまわった人たち。前者は民団や総連の創設に深く関わり、駅前の一等地を不法に占拠したのはこのグループ。後者は暴力などで利権獲得に走ったグループで初期の総連や民団の兵隊も彼らですね。

ニューカマーは80年代以降のって言いますが、やはり2000年以降はまた別な性質を纏《まと》った人たち。近年の犯罪はニューカマーが多いのだけど、80年代は詐欺などが、2000年以降は特にレイプや強盗・殺人が多い。ですから、最近捕まっている在日犯罪者は若いのが多いでしょう?

で、この1万3634人の不法残留者全てが犯罪者ではないので、犯罪率は中国やベトナムよりは低い。それよりも〝合法的〟に日本に居座ろうというニューカマーの増加をどれだけ減らすかが肝要で、それが在日外国人の中でダントツのトップ（2位の中国にダブルスコアの差をつけていますからねぇ）の犯罪数を誇る私たちに対するブレーキになるのです。

という事で、外務省には南朝鮮人入国の際に調べるべきポイントは
・二重戸籍者でないか
・犯罪隠しはないか
・戸籍変更項目はないか
なども確認すべきと伝えています。

また、法務省には帰化申請の際には南朝鮮の上記調査の他に
・通名の変更がないか
・現職場の現地調査
・身内に犯罪者はいないか
なども確認すべきと伝えました。

通名は分かると思いますが、職場もペーパーカンパニーを利用しているヤツらが多いですからね。そこはキチっと調べて、犯罪予備軍はふるい落とすべきです。

これらの内容を全部信じて、と言ってもなかなか受け入れ難いかもしれませんが、実際は真面目に生きる在日同胞は少なくない。そういった人たちのためにも、日本政府は私たちに対する規制を強めて「真面目に生きている在日」とそうでない人たちを明確に分けてもらいたいと思います。

（実は「不法」より「合法」の方が問題を起こしているんですよ　２０１６・６・30）

――私は殊更「まともな在日朝鮮人も多いんですよ！」とは言いません。金田も自分をまともな在日だとは言いません。当たり前のことですが、本当にまともな人は自分のことをまともな人間とは言わないものです。まともかどうかは自分が決めることではなく、第三者が判断する事だからですね。

で、金田がこういったエントリーをしたのは、「まともな」と第三者から判断してもらうには、最低でも上記はクリアしている人が入国していれば、ある程度の安心感が得られると思うからですが、なかなか規制をかけるには日本の役所は腰が重いようで…。

日本統治時代、五輪に出た朝鮮人がいたことの意味

◆リオ五輪：25歳の韓国代表、39歳の猫ひろしと激しい最下位争い（2016・8・23 朝鮮日報）

韓国がこれまでオリンピックの陸上競技で唯一メダルを獲得した種目はマラソンだ。今年は故・孫基禎（ソン・キジョン）氏が1936年のベルリン・オリンピックのマラソンで優勝してからちょうど80年目となる節目。孫基禎氏の後も徐潤福（ソ・ユンボク）氏、咸基鎔（ハム・ギヨン）氏、黄永祚（ファン・ヨンジョ）氏、李鳳柱（イ・ボンジュ）氏ら韓国のマラソン選手たちはオリンピックなどの国際大会で大活躍し、国民に希望と感動を与えてきた。

ファンの間からは「日本は男子400メートル・リレーでジャマイカのウサイン・ボルトと競争し銀メダルを獲得したが、韓国のマラソン選手たちは日本のお笑い芸人と最下位争いをしていた。信じられない」などの声が出ている。あるファンは「(1996年のアトランタ大会で李鳳柱が銀メダルを獲得してから) 20年以上もメダルが取れないことが問題ではない。国民が願うのは韓国代表としての誇りと気質だ」と述べた。

陸上競技の専門家たちは「（韓国選手たちは）基本的に肉体面、精神面での準備が不十分な状態でオリンピックに出場したようだ」「岐路に立つ韓国陸上界の現状がそのまま反映された結果だ」などと指摘している。

お嬢様（朴槿恵元大統領）の演説にも出てきた孫基禎。悲劇の金メダリストという立場に仕立て上げられていますが、この人を出せば出すほど、二つの事実を自らに突き出すことになります。

一つは、統治時代、私たちは差別を受けていなかったという事実。

そういえば、第一次大戦後の1919年に開催されたパリ講和会議において日本がある事項を提唱しています。それは人種差別撤廃です。残念ながらこれは当時のアメリカ大統領ウィルソンにより反対され実現することはなかったのですが、世界で初めて人種差別撤廃を明確に表明したのが日本です。それがアメリカを始めヨーロッパ諸国から嫌われた一因でもあり、現在の人権委員会において過去の事をネチネチとほじくり返して日本を批判しているのはこういった背景があります。

そんな差別のなかった国だからこそ、朝鮮系日本人にもかかわらず、差別なく、実力で選ばれてオリンピックに出られたのです。当時、植民地からオリンピックに出場したケースはあるでしょうか？　この事は朝鮮は植民地ではなかった事を明確に示す事例であり、私たちは差別されていなかったという事を後世に知らせる史実なのです。

そして、もう一つ。彼は新義州の出身者であり祖国にいたという事実。

北朝鮮の出身者なのですね。彼は南朝鮮政府樹立後に南朝鮮籍を取得していますが、言うなれば彼は脱北者という事になります。それ故に、1950年、彼は北朝鮮に拘束される事になるのです。日本統治時代は日本人であった彼を朝鮮人であったと強弁しても、それは南朝鮮人ではなく今で言う北朝鮮籍であるという事。

彼の息子は民団の幹部にまで上り詰めましたが、それは父である孫基禎の栄光のお陰。というより、どうやって彼が特別永住権を得たのか不思議なんですけどね。そうなのです。民団の幹部は自分の意思で日本にやって来て特別永住権を取得した人間が多いという事が分かってしまう記事でもあるのです。

（民団幹部は不法入国者が多かった、という事実　2016・8・23）

そもそも在日に生活保護を受ける権利などない

ネットだけでなく、ＴＶ番組などでも、在日朝鮮人の生活保護不正受給が〝問題〟になっています。

中には、在日朝鮮人64万人中、46万人が無職で、その大半が生活保護を受給。総額、2兆３０００億円もの支給を受けていると主張しているものもあります。

これって本当でしょうか。

２０１４年の予算案では生活保護支給額として3兆７２３２億円が計上されていますから、本当に2兆３０００億円も支給していたら予算の62％が在日朝鮮人の手元に転がり込む訳です。日本の大事な血税がそんな事で浪費されるのは、事実であれば確かに許されることではないですね。

２０１３年の日本の被保護実世帯数は１４９万８３７５世帯になります。世帯数ではなく、被保護実人員数だと２０６万７２４４人となります。

それでは同じ年の在日外国人の受給率を見ていきたいと思います。月平均の被保護実世帯数は４万４３６４世帯で、被保護実人員数は７万３０３０人となります。世帯数で言うなら3％にも満たず、実人員でも3・5％です。

実際は生活保護受給の96％以上は日本国民に対して行われているのです。

もちろん、生活保護を受けている在日外国人全てが在日朝鮮人ではなく、国籍別生活保護受給者率は66％が在日朝鮮人です（在日外国人の75％が在日朝鮮人です）から、その実数はもっと下がる事になり、およそ745億円が支給されていることになります。小さな金額ではないのですが、2兆3000億円という金額には遠く及ばない金額であることが分かります。


ただ、一つ問題があります。


平成19年の在日外国人受給世帯は月平均で3万1092世帯ですから、たった4年で1・43倍に膨れ上がっていることです。日本人世帯が同じ期間で1・36倍という事を考えると増加率が大きいと思います。

最高裁判所は「平成24年（行ヒ）第45号」判決において、外国人には生活保護法は適用されないという判断を示しています。それにもかかわらず、平成27年には4万4965世帯（このうち在日朝鮮人世帯は2万9482世帯）に激増（厚生労働省被保護者調査より)。

要するに、巷《ちまた》で言われているほど、在日朝鮮人は生活保護を受給していないのですが、現在も最高裁判所の判例を無視して在日朝鮮人の生活保護受給者は増え続けているのです。

私の周辺の多くの在日朝鮮人は生活保護に関して次のように見直しを考えています(あくまで、多くの、です)。

・生活保護は日本国籍に限定
・在日外国人に支援をするのであれば現金ではなく最低限のミールクーポンのみ
・生活困窮の外国人は母国に帰国してもらう
・現在支給している在日外国人にも上記を適用

どうして、見直しを考えるか。

それは、そもそも私たちには生活保護を受ける権利がないにもかかわらず、在日朝鮮人世帯の16%が生活保護を受給しているからです。

日本の税金は日本人に使うべきですから、そこは徹底して見直すべきです。

私たち在日朝鮮人も日本に対する寄生虫から無害な寄生虫、そして益虫へと変わらなければいけない時期に来ていることを肌で感じ取っているからこそ、在日朝鮮人の立場から生活保護に関する見直しを日本政府に考えてもらいたいと思っているのです。

（在日朝鮮人の真実 — 生活保護　2014・8・25）

在日が日本人の年金以上の生活保護をもらう矛盾

在日朝鮮人が嫌われる理由の一つに、在日特権というものがあります。

その中の一つに生活保護受給に関して優遇される、というものがあります。

今回はこのことについて書きたいと思います。

在日朝鮮人はよく、生活保護を申請すると審査がゆるいから多くの人が生活保護を受け取っていると言います。


産経新聞でも生活保護を受ける外国人世帯の63％が在日朝鮮人だと報じました（平成26年度）。（平成27年7月時点では65・6％）

これについて民団なんかは、在日外国人の中で最も高齢化率が高いのが在日朝鮮人であり、そういった面から被受給率が高くなる、と説明したりします。分からなくもない説明ですが、そもそも生活保護を受けられる権利が私たちにはありません。

基本、日本の高齢化率と在日朝鮮人の高齢化率は在日朝鮮人の方が低い。ですから受給できる権利があったとしても、日本人よりも被受給率は下がるべき数字です。

そこで前出の数字を利用して被受給率を計算してみたいと思います。

平成26年度の日本全体の被保護実人員数は２０６万７２４４人。人口が１億２８０５万７３５２人ですから被受給率は約1・6％になります。

在日朝鮮人の被保護実人員数を、全在日外国人の被保護実人数７万３０３０人の63％（産経新聞報道）として計算すると４万８２００人。在日朝鮮人の人口が42万３０００人でしたから11・４％。

日本人の約7倍ですから、在日朝鮮人の生活保護率は非常に高率であることが分かります。

被受給額は一般に言われているほどではないけど、被受給率は一般に言われている以上の高率だということが分かります。

日本を支え、現在の繁栄の土台を作ってくれた日本の高齢者は、僅かな年金がもらえるからといって生活保護が受けられません。

しかし、日本に何一つ貢献していない、私の同胞たちはぬくぬくと基礎年金以上の金額の生活保護を受け暮らしている。

これは国の制度として間違っています。

ですから、私は在日外国人の生活保護は特例なども含めて廃止すべきだと思うのです。

（在日朝鮮人の真実 ― 生活保護優遇　２０１４・８・26）

「在日は働いていない」は都市伝説？

２０１４年時に64万人の在日朝鮮人のうち46万人が働いていないことになっています。28％しか就労していないという数字ですね。これが本当なら、日本に対して全く貢献していないクズ人種と言われても致し方ないですから。

先ず、人数の訂正から。

在日朝鮮人は64万人ではなく54万９７９５人（２０１３年12月現在）ですから、46万人が働いていないとしたら84％もの在日朝鮮人が働いていないことになります。いや、本当なら最低な民族ですよ。酷い怠け者ばかりですよね。

それでは実際の在日朝鮮人の就労率を見てみたいと思います。国勢調査、というものを聞いたことがあると思います。この調査の中で、在日外国人の就労者数も調査しており、最新版が平成22年になるのでこちらを使って書いていきたいと思います。

平成22年の国勢調査によると、日本人の就労者数は５８７５万４０００人、人口が1億２８０５万７３５２人ですから、人口比だと就労率は約46％になります。

在日朝鮮人の就労者数は19万５０００人。この時の在日朝鮮人は42万３０００人ですから人口比就労率は日本人と同じ約46％になります。

数字は列記しませんが、平成17年の就労率もほぼ同じでした。ですから84％が就労しないという説は事実ではないことが分かります。

確かに在日朝鮮人の犯罪率も長く高かったことは事実ですし、今現在も日本人に比べて低くはありません。そういった背景がありますから様々な流言飛語が出回るのですが、是非、私たち在日朝鮮人の正しい情報を知って欲しいと思います。

（在日朝鮮人の真実 ― 就労率　２０１４・８・27）

南朝鮮人に比べると「火病」が圧倒的に少ない在日

ネトウヨと呼ばれる方々は、

朝鮮人　＝　火病《ファビョン》

火病　＝　遺伝病

という図式を広めていますが、これは正しい面とそうではない面があります。
今日はこれについて書いていきたいと思います。
先ず、火病について簡単に書きますと
「朝鮮民族特有の怒りの抑制によって起こるヒステリーに似た激しい精神的・肉体的状態」とでもなるでしょうか。

私も初めて見た時には、正直「こいつ狂ってる」と思ったものです。
ちなみに初めて見たのは高校生の時で、同じ在日朝鮮人が火病《ファビョ》っていました。
南朝鮮に行くと、ホント、頻繁に目にするので最近は慣れましたが、同じ民族の私ですら「狂ってる」と思うのですから、日本人が見たら、また他の国の人が見たら「狂ってる」以上の衝撃があると思います。

私が見た中では、火病は南朝鮮人に比べると圧倒的に在日朝鮮人は少ないと思います。タブン、皆さんの周りにも在日朝鮮人はいると思いますが、火病ってる状態に出くわすことはそうそうないでしょう。

でも、ソウルに行くと違うんですよ。街中でフツーに火病る人たちに出くわしますから。

火病は「朝鮮民族特有の文化依存症候群」ということでアメリカ精神医学会の『精神障害の診断と統計マニュアル』に記載されているほど、有名な精神病です。

ただ、火病が遺伝だけで受け継がれているのではないと考えています。

私は、

・遺伝

・教育

・キムチ

が火病を起こす原因だと考えています。

例えば、社会的機能遂行障害という他人と交わることができない病気がありますが、南朝鮮では、これが1996年から2003年にかけて100倍になりました。子供の精神病者も14倍ですから遺伝だけでは説明が難しいですよね。

南朝鮮がIMFの管理下に置かれて以降、反日教育が強まり、恨み教育が強化された時期とも合致するので、子供の精神病者が増加したのは教育が大きく関与していると思います。

そしてキムチ。

唐辛子の消費量としては世界屈指の南朝鮮ですが、実は、唐辛子消費国は少し切れやすい傾向にあります。仕事柄様々な国を訪れますが、辛いものをよく食べる国の人は気性が激しく、喧嘩も凶暴性を感じさせます。

だからこそ、在日朝鮮人は南朝鮮人と同じ遺伝子ですが、朝鮮学校に行かず、キムチを食べなくなると火病を起こしにくくなるのです。

（在日朝鮮人の真実―火病　2014・8・29）

在日より〝来日〟朝鮮人の方が犯罪率が高い

以前、在日朝鮮人の犯罪率に関してエントリーしましたが、今回は〝来日〟朝鮮人を除く、本来の意味での在日朝鮮人の犯罪率を紹介したいと思います。

２０１３年に収監された朝鮮人の人数は１２１０人です。このうち、来日した朝鮮人による犯罪は９３６人ですから、本来の意味でいう在日朝鮮人の犯罪者数（収容者数）は、１２１０人から９３６人を引いた２７４人と言えます。この数字は、在日朝鮮人の人数を54万９７９５人として計算すると、約０・０４９８パーセントに相当します。

（1,210 - 936）÷ 549,795 × 100= 0.049836

つまり、在日朝鮮人１万人のうち、犯罪者は5人程度の割合です。では、日本人の犯罪者の割合はどれ位でしょうか。

２０１３年度の被犯罪者収容者数は６万２９７１人でそのうち外国籍の収容者は３６５７人でした。

ということは、日本人の収容者率は、次のように計算できます。

（62,971 - 3,657）÷ 127,186,509 × 100 = 0.046635

およそ0・0466パーセントとなります。この数字を比較してパーセンテージを計算すると、次のようになりまります。

0.0498 ÷ 0.0466 × 100 = 106.8669528

つまり、在日朝鮮人の犯罪率は、日本人の106・86パーセントだということになります。

ということは、在日朝鮮人は日本人よりも6・8％ほどしか犯罪率は高くないことが分かります。

犯罪を起こしていたのは〝来日〟朝鮮人だったのです。だからこそ、犯罪者を輸出するなと幾度かエントリーしていたのです。

ただし、日本人と在日朝鮮人の犯罪の質に差があるように感じます。

残念なことに犯罪の内容を見比べる資料を見つけることができなかったのですが、例えば殺人なんかは日本人よりも在日朝鮮人の方が多いように思いますし、強盗なんかもそうです。

在日朝鮮人は重大犯罪が多いという感覚は日本人も私のような在日朝鮮人も同じように感じていると思います。

将来的にこういった暴力性も抑制されることを願っているのですが、どうなることでしょうか。


（在日朝鮮人の真実－犯罪率　２０１４・８・31）


－これら一連のエントリーは日本で言われている在日朝鮮人についての勘違いを正そうという意図で書いたのではなく、ウソがどう定着するかについて書きたかったものです。ここで取り上げたものは真実と異なるので、それが「差別だ！」とか「ネトウヨは嘘ばかり撒き散らす！」などといった反日同胞からの反撃の糸口を与えており、それ故に、ネットでの私たちに対する悪いイメージは誤りなんだと多くの人に信じさせる事に繋がっています。実は、こういったちょっと調べれば分かるようなウソは私たちサイドから流される事が少なくありません。真実にウソが紛れる程、信用性が落ちていくからです。

しかし、これはウソも使いよう。慰安婦問題もウソが多々含まれていますが、長くそれを否定する人がいませんでした。その結果、そのウソは〝真実〟となったのです。ところが、在日朝鮮人に関する内容はウソとともに否定が入る。この違いがウソが浸透するかしないかの違いとなるのです。

一部に過ぎない反日の在日朝鮮人

以下はブログの読者からの質問に答えたものです。今回のリクエストは実はあまり新聞に載っていなさそうなのですが、私たちを知るには良い質問だと思いますので、金田の主観で回答していきますね。

質問1：韓国では、なぜあんなにキリスト教が普及したのか？　また、クリスチャンとはプロテスタントのみを意味し、カソリックはクリスチャンとは別だと思われているのはなぜか？　そこには争い、または意味があるのか？　また、各宗派及びキリスト教のイメージはどういうものか？　統一教会も含めてその関係性は？　中国ではキリスト教は危険思想だが韓国では？（バチカンは反共戦争として日本を支援していた）

プロテスタントはカトリックからの分派に当たりますから、プロテスタントが唱えているクリスチャン（キリストにある者）をカトリックとは称しません。カトリック信者は自分をカトリックと言います。統一教会は異端といって、一般には〝キリスト教系宗教〟と言いますが、キリスト教ではありません。韓国はキリスト教信者が多いくらいですから危険宗教とは思われていません。

質問２：在日３世４世の間では終戦直後の不逞鮮人の悪行は伝えられてないときく。しかし、朝鮮が日本と一体となってアジアを開放したという誇るべき事実も伝えられていない様に見えるが、その理由は何か？

悪行は美化されて伝えられています。私の祖父や父は、そういった人たちを軽蔑していました。同胞を庇《かば》うつもりはありませんが、自分たちのことを進駐軍どうのって自慢しているバカは一部なんですね。また、日本軍に参加している事はさすがになかった事にはできないので、徴兵だったと言う人もいます。最近はそれらも嘘だってバレているんですけどね。要するに、日韓が歩調を合わせて戦争に臨んだ、というのは「自称平和主義民族」であるイメージを壊すからなんですね。

質問3：「日帝時代」というが、「朝鮮国」が「日本帝国」の構成国だったことは、韓国や在日ではどれぐらい知られているのか？（日本人は、大韓帝国は消滅したと思っている）

日帝時代は、構成国ではなく、植民地として知られています。

質問4：現代日本は韓国は全く信用できない国だと言う。しかし、言語的に最も近い韓国は、日本との意思疎通も容易であり、当時の台湾よりも日本に近かったと思われる。花郎精神は日本の武士道に近いと思うが、これは現代韓国、または在日にどれぐらい意識され受け継がれているか？

花郎と武士は別物です。花郎は遊興に耽る人たちの事ですから、武士というより、上流貴族の子弟のようなものです。で、こういったものは全く受け継がれていません。新両班《ヤンバン》様は、これに近い考えを持っていたりはします。（両班＝高麗、李氏朝鮮時代の特権的な官僚階級・貴族階級）

質問5：311で証明されたように、日本人にとって当然のことは、世界の奇跡と称されることであった。日本と韓国しか知らない在日にとって、韓国が異常な国に見えるのは致し方ないと思われるが、世界を見渡してみたときに、韓国ほど日本と近い国は無いと思う。他国、とくに白人諸国（傲慢極まりない！）との比較をしたことがあるか、またしてどう思うか？

在日には在日フィルターがあるんですね。ですから、自分で調べようとしない限り、南朝鮮が異常な国とは思っていません。いわゆる民度、という尺度でいうと、在日同胞は、「自分たちは素晴らしく高い民度を持ち合わせている」と思っていますし、南朝鮮同胞も同じく「ウリって最高じゃね？」って思っています。

質問6：現在、台湾では台湾民政府がたちあがり、今も日本であることを主張して毎夏冬、靖国に参拝している。韓国や在日の間でも似たような動きはあるか？　また台湾民政府の存在は韓国や在日の間で知られているか？

この件はほぼ知られていないですし、知っている人は「日帝に毒されているカワイソウナ奴ら」という感じです。

質問7：在日は反日だと認識されている。一部に反日が存在するのは事実だが、彼らは心底反日なのか？　単に利用されている、または金銭のため身の安全のために何か反日を装う必要があるのか？　1世2世にとって日本が悪い国だったとは到底思われないが、彼らは本心から反日を訴えているのか？　またそれならなぜ反日に染まることになったのか？　一般の在日は彼ら（反日在日や不逞鮮人）をどう見ているのか。

反日同胞は一部です。あとは彼らに距離を置いている人がほとんど。そして、生活する上で、結構、邪魔な存在だと思っていますし。何せ、類友に思われてしまいますから。反日同胞の下っ端は本気で反日ですが、上は利益が転がり込んでいますから、半分、商売みたいなものです。

以上、在日に関するちょっとしたQ＆Aでした。

（［リクエスト］質問てんこ盛り　２０１５・５・４）

「差別を受けている！」と主張する在日の共通点

◆韓国の挺対協　事務方トップに在日3世の梁路子氏（2017・2・15 朝鮮日報）

挺対協側は今回の人事について、梁氏は在日として日本で差別に遭い、歴史による痛みを知るため、慰安婦被害者の痛みに寄り添えると説明した。

梁某氏がとうとうトップですか。まぁ、民団からの要請もあったからそうなるでしょうね。順当な人事と言えばそれまでです。この人事によって挺対協（「韓国挺身隊問題対策協議会」の略称、慰安婦問題の解決を目的として結成された韓国の市民団体）の性質が大きく改善することはないでしょうし、反慰安婦側としては少しやりにくくはなります。それというのも、氏は挺対協幹部の中では珍しくボランティア経験がある御仁ですから。今まで慰安婦に対する応対をおざなりにしてきた彼らによる、私たち反慰安婦側に対する対抗人事、という性格を帯びているのですね。

で、本題は在日差別について。

御多分に漏れず、南朝鮮組織に重用される在日はなぜだか「日本で差別に遭う」という経験があるのだそうです。金田は今まで幾度か経歴を書いてきましたが、以前は今のパヨクなんかカワイイと思うくらい極左でした。私の年齢で南朝鮮の大学に進学し兵役を終えている、というだけでどの程度かご理解頂けると思いますが、そんな中にあっても日本で生活する中で差別を受けたことはありません。しかも、金田は通名を使わずに在日であることを隠さずに生活しているのにです。

日本で差別を受けている！　と主張する在日の共通点がありますのでそれを紹介しますと、

・民族学校の卒業者に多い
・反日で飯を食っている
・通名を使用している
・コミュ障（コミュニケーション障害）
・酒乱
・仕事ができない

・友人が少ない

こういった共通点があります。

金田は極左だったのに差別を受けなかったのは、日本サゲをしない、民族に対する利益誘導はしない、何よりコミュ障じゃなかったからだと思うのです。例えば、酒の場で徴用など無粋な話をするのは場の雰囲気を感じ取れない人ですよ。楽しい談話をしているのに、いきなり話題を変えて慰安婦の話をする人ってオカシイでしょ？　差別を受けた、という人はこういったコミュ障に多いのです。

反日在日でなくてもコミュ障は少し疎まれると思うのですが、反日同胞はそこに〝相手の批判〟が加わるのですから、そりゃあ差別も受けるでしょう。イジメられる側にも原因があるという話ではなく、アメリカにおける在米日本人に対する差別とは違い、在日で差別を受けたという人たちには差別されるに十分な原因を自ら作り出しているから差別を受ける、という理由があるのです。だから普通の在日は差別を受けていないのです。

ですから、梁某氏さん。日本で差別を受けたのであれば、あなたは日本に対して心からの謝罪と反省をしなければいけないのです。

ちなみに反日同胞は〝仲間〟に囲まれていると思っているようですが、それって幻想ですから。活動から一歩身を引いたらすぐに彼らはあなたから距離を置きます。それは友人という強い結びつきがある関係ではなく、個が利益や恨みという接着剤で結びついただけの関係に過ぎないからです。それなのでスグに分裂しますし、仲間内で抗争もあります。

友は良いものですよ。金や、暴力や、上下関係で結びついただけの薄っぺらい関係ではなく、心からの結びつき。

反日同胞の皆さん、あなた方はそういったかけがえのない友が本当にいますか？

（差別を受けたと主張する在日と差別を受けなかった在日の違い　２０１７・２・16）

反日メディアが作る「カワイソウナ在日」

◆無念の帰国・・韓国ネット「日本国籍の取得は簡単な話じゃない」「日本で韓国人として生きる厳しさを…」（２０１４・12・19 FOCUS ASIA）

中国の上海虹橋国際空港で在日韓国人の男性が「自分は日本人だ」と入国ビザ免除を求めたものの、結局は入国を拒否された騒ぎが、韓国でもウィキツリーで紹介され、多くのネットユーザーの注目を集めた。

記事は、18日の中国新聞網の報道を引用したもの。それによると、虹橋国際空港で韓国のパスポートを持った30歳の在日韓国人の男性が、入国審査で「自分は日本人なので、ノービザで中国に入国させてくれ」と要求。男性は「自分は日本で生まれ育ち、韓国には殆ど行ったこともなく、韓国語もできない」「会社は日本企業で、同僚からノービザで入国できると聞いた」などと説明し、入国を許可するよう求めた。

だが、入国審査官は「韓国のパスポートを所持している以上、韓国人とみなすしかない」と入国を認めず、男性は日本に戻ったという。

この件に関する韓国ネットユーザーの主なコメントは以下の通りだ。

「在日同胞は日本人じゃないのか？　それなら、アメリカ大陸の黒人は皆アフリカ国籍なのか」

「在日同胞であっても日本国籍の取得は簡単な話じゃないです。日本は韓国と同じく属人主義をとっているので、現地生まれでも国籍を与えず、煩わしい試験や調査を経て国籍を与えています」

「適当に使い分けろよ。頭使え」

「日本で韓国人として生きる厳しさを知ってて言ってるのか？　日韓関係は日増しに悪化し、週に一度の嫌韓デモ、政府は我関せず。言葉が軽すぎるぞ」

「彼らがアイデンティティを守るためにどう闘ってきたか、ホルモン焼がどうやって生まれたのか、少し調べてみろ。言葉も出ないぞ」

「私の友人も大学の頃、海外旅行するまで自分の国籍が韓国とは知らなかったと」


このニュースは在日朝鮮人に対するイメージ悪化に繋がる、私たちにとっては頭の痛い内容ですね。日本国籍を持たないのに、日本人としての権利を要求しているのですから、滑稽でもあり、そして、在日特権に生きる在日をより強く示す事例ですから。


年金寄越せ！

選挙権もだ！

ついでに日本のパスポートも寄越せ！

と言っているようなものですから。私の知っている同胞たちは「この件はチョット酷過ぎないかい？」と言っていますね。ヒドイ、というのは扱いが、ではなく思考がなんですけどね。ついでに言うならヒドイのはこの件だけではないんです。

で、それに対する南朝鮮人のコメントがまたヒドイ。

結構、勘違いしている人が多いんですよ。在日同胞＝朝鮮系日本人、と思っている人が。それなので「在日同胞は日本人じゃないのか？」というコメントがある。私も一部の親戚からは日本国籍と思われていましたから。

そして、在日朝鮮人に対しての帰化申請が比較的ラクなのを知らないのも多過ぎ。どうして中韓の帰化人が溢れているか。それは他の国よりも通りやすいからですよね。少なくともニューカマーの前科は徹底して調べれば良いのに、って思うくらいです。

「適当に使い分けろよ」は、在日の現状を良く知っていらっしゃる。ただ、私は子供に恥ずかしくない人生を送りたいからしませんけどね。

週に一度の嫌韓デモって…。私も色々同胞に聞いたのですが、ほぼ一致した意見として「嫌韓デモよりカウンター（嫌韓デモに対抗する側）の方が口汚いし暴力的」だって聞くんですけど。私も後学のためにデモがあるらしい日に見学しに行こうかな。今のままでは、一生、デモを見ることがなさそうだし。

下手にアイデンティティーを守ろうと排他的になるから揉め事を起こすって分からないのかなぁ。自分は朝鮮系と意識しても良いとは思うけど、今、自分が根を張っている国に尽くすのは当たり前。日本なら日本のために、アメリカならアメリカのために。それができないから報復の対象になるんですよ。

「海外旅行するまで自分の国籍が韓国とは知らなかった」。

これが全てを表しているとは思いませんか。普通に暮らしていれば、在日を理由にしたイジメや差別云々とは関係のない生活を送れるのです。私が日本でそういった目に遭っていない事がこれでも分かると思うのです。それなのに反日日本メディアが垂れ流す情報を鵜呑みにするから「カワイソウナ在日同胞」という構図ができあがってしまうんですよ。

同胞、と言っても南朝鮮人にとっては外人に近い理解なんだって事が分かる記事でした。

付記：この記事は有田芳生氏が Twitter ブロックしてくれた記念にアップすることに

しました。反日同胞の皆さんもブログを読んで下さっているようでありがとうございます。私の人生経験から言えることは「在日だから嫌われるのではなく、反日だから嫌われる」のです。祖国を想うのは良いと思いますが、日本に根ざすなら日本のために活動しましょうよ。尚、現在、金田は帰化しております。

（韓国人の在日に対する理解は外人理解に近い　2015・2・19）

もう無理！　在日と南朝鮮同胞との融合

南朝鮮は秋夕《チュソク》が始まりました。

金田は親戚たちを少し誤解していた部分もあったようで、金田は今まで、「帰化しないことで耳を傾けてくれている」と思っていましたが、彼らは「日本人金田」として接していたんですね。

そこから分かったのは、ウリに国籍も多少は関係するけど、それ以上に血族かどうかがより関係していたということです。

これは帰化して気がついたことですね。還暦になるというのにまだまだ不勉強です。
そして、帰化について色々聞かれましたし、金田も多くのことを尋ねました。

そこで気づいたのは、南朝鮮同胞は、やはり帰化しない在日についておかしいと思っているということ。

世代によって在日朝鮮人に対する思いが違っていて、

80歳以上は裏切り者、
40歳以上にとっては気が触れているおかしな奴ら、
20歳以上にとっては差別を受けている可哀想な裏切り者、日本で差別されているのは先祖の裏切りによる因果応報である。

こんな感じ。
あくまで金田の親戚を主体とした考え方ですが。
在日同胞も以前に比べて南朝鮮に向かう人が増えているようだけど、こういった南朝鮮同胞の考え方にいつになったら気がつくのでしょう。

そして、南朝鮮同胞から見た在日朝鮮人の考えは、世代を重ねるごとに酷くなっている。

南北問題もそうだけど、在日朝鮮人が南朝鮮同胞と融合できることは、もう無理なんだろうと思ってしまいます。

今更ながら、南朝鮮に媚《こび》を売って日本をかき回す在日が目立ち始めましたが、いいですか、私たちがしなければいけないのは、日本のために尽くして生きる道を選ぶことなんです。

今更、南朝鮮に近づいても、後《うし》ろからバッサリ斬られるだけなんですよ。

金田は今以上に在日朝鮮人に対して、本当の南朝鮮を知らしめなければ、と強く決心した次第です。

皆様の空には名月が輝いていますか？

（今日は中秋の名月ですね　２０１５・９・27）

在日社会が南朝鮮に苦言⁉

◆「在日は多文化共生社会の開拓者」大阪のNPO事務局長（2015・12・7 朝鮮日報）

【大阪聯合ニュース】大阪市生野区にあるコリアンタウンの食堂でNPO法人「コリアNGOセンター」の金光敏（キム・グァンミン）事務局長が4日、インタビューに応じた。同センターは大阪を中心に在日韓国人や日本で暮らす外国人の支援を行っており、多文化共生に関する問題にも取り組んでいる。

「在日コリアンなのになぜほかの国から渡ってきた人々のためにそれほど多くの力を使うのか」という質問を受けることがあるという金氏は、そのたびに「私たちが経験したことを再び経験させたくない」と答えるという。「在日同胞がフロンティア（開拓者）として日本の多文化共生社会を引っ張っていくことが日本の発展に寄与することになる」との思いを強調した。

金氏は「在日韓国・朝鮮人政策が日本の多民族社会を引っ張っていくためのある種の枠組みになった」とした上で、「在日同胞社会から日本政府・社会が多くのことを学んだ」と説明した。

日本の外国人政策は多文化の共生より、同化を進める傾向にあり、在日同胞はその影響を強く受けた。在日3世として日本で生まれ育った金氏は少年時代に、自分の中にある韓国的なものを徹底的に排除しなければならないと考えたことがあるという。

金氏は「私たちは顔立ちが全く同じなため、自分を証明する手段と方法が多くない」と指摘。その上で「同化の圧力をより強く受けるが、このようなところから在日同胞のアイデンティティー問題を解決することが重要だ」と説明した。

在日同胞の人権問題のためには「韓国社会が人権、平和のために努力してほしい」と訴えた。金氏は「韓国が少数者のために開かれた社会を作れば、巡りめぐってわれわれを助けることになる」とした上で、「このような関係が互いに有機的につながれば、韓日間で望ましい市民社会が形成され、日本社会にも良い影響を及ぼすだろう」との考えを示した。

韓日関係については在日同胞という立場から「なぜ（国交正常化50周年の年である）この時期に関係が悪くなったのか。韓国と日本の間に住む者として心苦しい」と話した。その上で「声高に叫ぶ右翼のような言動ではなく、韓日関係がよくない中でも韓国について知るべきだという成熟した（日本の）市民の姿のように、韓国社会が（日本に）アプローチしてほしい」と力を込めた。

いやぁ、知らん人じゃないから書きにくいけど、何年、日本に住んでるんでしょう？曇った目をしていると本質を見極められなくなる、と思うんですけどね。

金田が若い頃、私たちはヤンチャと一言で言えるような集団ではありませんでした。特に民族学校に通っている〝輩〟は、愚連隊と言った方がよいように感じた程です。万引きや暴走族に所属していたというのは正直、カワイイ程ですから。

そういった私たちであるなら、金田は差別を受けるべき一員だったはずですが、近所のおばちゃんやおじちゃんも在日である私の家族を受け入れてくれました。集団ではなく、個として見てくれていたんですね。南朝鮮では絶対にあり得ない事だったと思います。

「私たちが経験」というのは日本で行ってきた犯罪行為を在日外国人にはさせないという意味で言っているなら素晴らしいですが、差別を受けてきたという意味なら、それ、本音とちゃうやろ？

日本の社会には緩やかな繋がりが常に存在します。一般には絆と言いますが、金田は単なる人と人との繋がりのようには感じていないんですね。韓国人とか中国人、アメリカ人といった国籍による枠組みではなく、一つの意思共同体のようなものを感じるのです。

それが災難に見舞われた時の行動として〝サスガは日本人〟となるのだと思います。この共同体的繋がりを「同化の圧力」と感じるハズがないんですね。ただ単に、自分たちが行ってきた犯罪を覆い隠そうとするから、素直に謝罪してこなかった心の傷が日本に対して複雑な思いを抱かせているんでしょうに。

　在日社会がもっと日本的な事を理解し受け入れる事とアイデンティティーの喪失とは全く関係がありません。そんな犬でも分かることを理解できない人が在日社会には少なくないから、色んな問題を未だに引き起こすんです。だからこそ、50年という節目だからこそ、今までの禊《みそぎ》をしなければいけないから関係悪化が起こったのです。

　常に、日本側からの譲歩があり、私たちは過保護にされてきました。そろそろ、私たちは過保護の対象ではなく、日本に住むなら日本的な枠組みの中に入り、社会を混乱させない。そういった道に進むべきなのです。

　ちなみに、この記事は在日社会から南朝鮮に対する苦情記事だったりします。メズラシイので取り上げてみましたが、本音とタテマエが交叉していて個人的には面白かったですね。

（在日社会が、韓国に対して「民度低いな」と苦言!?　2015・12・8）

在日を洗脳するための反日プロパガンダ

◆【コラム】悲劇に冷静な日本、ぞっとするほど恐ろしい（2015・2・6 朝鮮日報）

20年前に阪神淡路大震災の取材を行っていた当時、頭を殴られたような衝撃を感じる出来事があった。被災地の中心部で70歳代とみられる高齢者夫婦の自宅が崩壊し、妻ががれきの下に埋まった。夫が見守る中、緊張感漂う状況で救助作業が行われた。直後に救助隊は妻を発見したが、妻はすでに遺体となっていた。現地のテレビ局は救助の様子をリアルタイムで中継していた。

記者が本当にぞっとしたのは次の瞬間だった。救助作業中、ずっとその場に立ちすくんでいた白髪の夫は妻の死を確認すると、救助隊員らに深々と頭を下げ、何度も「ありがとうございます。お疲れさまでした」と大声で叫んでいるようだった。夫は一滴も涙を流さず、自らの感情を完璧にコントロールしていた。ロボットのようなその様子を見ると、記者は「これが日本人だ」と感じた。阪神淡路大震災では6000人以上の犠牲者が出たが、被災地のどこにも泣き叫ぶ声は聞こえなかった。「静けさゆえに恐ろしい」という感覚。これこそ記者が日本の素顔を目の当たりにしたと感じた体験だった。

イスラム国に家族を殺害された遺族らは、日本政府に対して恨み言の一つでも言いたいはずだ。2人の人質が殺害されるという最悪の結果を招いたことについては、安倍政権の失政が大きいからだ。2人が人質となったのは昨年10月ごろで、イスラム国との交渉も水面下で行われていたという。ところが安倍首相は致命的なミスを犯した。中東を歴訪した際、現地で「イスラム国との戦争に2億ドル（約240億円）を拠出する」（原文ママ）と表明し、まさに彼らの面前で挑発したのだ。安倍首相の発言が報じられた直後、イスラム国は2人の人質を殺害すると突然表明した。無用にイスラム国を刺激する結果を招いた戦術的なミスだった。

私は日本で生まれ、日本で育ちました。ですが、小さい頃から自分は日本人ではない、ということは自覚しており、日本に住んでいる朝鮮人であることは分かっていました。大学、そして兵役と一時期、南朝鮮に住んではいましたが、この時、在日朝鮮人は南朝鮮人とは全く異なる思想、そして考え方を持っているのだ、というのを嫌というほど見せつけられました。正直なところ、南朝鮮の大学に行ったり、当時としては非常に珍しい兵役志願をするくらいですから、今で言う、左寄りの思想であったことには間違いありません。

ですが、向こうでの生活によって、自分の思想が間違いであった、自分は南朝鮮では受容されない人間なんだという事を知ったんですね。

そこでようやく分かりました。親の言っていた「日本の文化を尊重しろ」ということの意味が。


日本は人の死に対して忌みという考えがあります。ただ、これはいわゆる穢《けが》れだけではなく、ご遺体に対する想いがあるんですよね。西洋ではご遺体はもう魂が抜けたもの、という面がありますが、日本人は非常にご遺体を大切にします。御巣鷹の報道（日航機墜落事故）を見ていた時に、本当に身体の一片であっても大切にしていました。対して、南朝鮮は、死、そのものを形式的に悲しみます。叫び声をあげて泣きますがそれは叫べば叫ぶほど悲しんでいる、と教えるからです。南朝鮮でも遺体は大切なのですが、それは日本で考える大切さとは意味もレベルも違うのです。遺体が一片であれば、ぞんざいに扱うでしょうし。

この記者は完全に南朝鮮人ですよ。思想が。日本人なら「妻はすでにこと切れていた」などといった表現を使うでしょう。医学的に死んではいても、そこには精神的な繋がりが残っているからです。ですが、南朝鮮は亡くなってしまえば、そこにあるのは遺体でしかない。だからこそ、この記者は「遺体となっていた」と表現するのです。そう、人の死に対してドライなんですね。

それはその後の表現にも出てきます。

被災地で「泣き叫ぶ声が聞こえなかった」→「悲しみを表出できない冷たい人間」とこの記事では言いたいのですが、私たちの辞書には「慟哭《どうこく》」という言葉はありません。近い言葉として「통곡（号泣）」はありますが、同じ声をあげて泣くという言葉でも、そこにある深い悲しみが違います。そして、慟哭には声なき声もある。それが南朝鮮人には理解できないから、「日本人は死に対して冷酷」という印象を読者に与える記事を書けるのです。

そして、その「冷酷」という印象を安倍首相に重ねるんですね。尊い人命が失われたのは、冷酷な安倍首相だからだ。事前交渉があっても、国益のためなら人命を軽く見るんだ、という事を、日本の読者に伝えたいという反日プロパガンダ記事なんです。

ちなみに、日本の読者、といっても日本人読者、という意味ではありません。これは在日同胞、という意味なんですね。実際、南朝鮮ウォッチャーでない限り、毎日のように経済情報誌（朝鮮日報）を読む人なんてそうはいないでしょう。ですが、在日同胞は

結構な割合で読んでいる。そう、国を離れていても、反日教育を行うための手段が継続されているんですね。コワイコワイ

で、私は「日本の文化を尊重しろ」ということの何が分かったのかというと、南朝鮮人の情熱的に見える裏は冷たく、日本人の冷たく見える裏は人情的であるということ。相手が本当に困った時に助けてくれるのは後者であり、それを育む文化こそ日本の文化であるという事が理解できたのです。在日同胞の若者も兵役行ってみたら分かりますよ。日本文化の良さが。

（在日が反日思想を持ち続けられる理由　２０１５・２・６）

―民族の違いは、思想の違いにも繋がります。たとえ同じような意味の言葉であってもその言葉が含有する概念が必ずしも同じではない事は多くの方も同意して頂けると思います。

南朝鮮と日本で言うなら、「友達」の意味する概念は全く違いますし。「助ける」という言葉や「謝罪」なども異なります。それを知らずに、字面だけで判断すると色々齟齬《そご》を引き起こすことになります。これを上手く利用して日本を騙してきたのが南朝鮮という国なのです。

私はどうやって韓国の呪縛から解放されたか

―私のブログには在日の若者も沢山訪れます。これは金田のブログに来られた、ある在日の若者に宛てたエントリーです。日本に住むなら日本のために。当たり前とも言える考え方ができるように。

元Ｋくん。いえ、彼だけではなく、反日同胞の多くは私の知る限り、南朝鮮で生活した経験が少ないように思います。

私は当時としては少し変わった教育を受けていました。父は日本に住むなら日本の事を理解し、日本に溶け込む事を私に教えてきました。ですが、若い頃の私は、そういった親に反抗し、日本の社会も共産主義勢力が強かった時代でした。嘘の歴史を真史であると教え込まれるのですから、自分のルーツである南朝鮮に淡い期待を抱くのは自然な事だったのでしょうね。

私は高校まで日本の学校に通っていますので、民族学校の生徒よりはましな歴史を学びましたが、自虐史観たっぷりの日本近代史を学べば、どうしても祖国が素晴らしい、日本はもっと反省を！　と思ってしまいます。最近は少しマシになっていますが、昔の歴史の授業は日本の授業でもトンデモな内容だったんですよ。
ですから、今の若い在日同胞が心の中に反日を抱える事は不思議ではありません。「お前ら、日本に住んでいてオカシイよ！」とは言いません。ですが、反日になる前に、どうして客観的に資料を読もうとしないのか、現代のネット社会においてそこは不思議に思います。

私は、当時としては非常に珍しいのですが、ソウルの某大学で学び兵役を終えてきました。それは在日であろうが、国民の義務を果たす、というのが私の中では真であったからなんですね。今で言うなら左巻きどころか極左でしょうが、大学でも軍隊の中でも、私は韓国人ではなく、在日としか扱ってもらえませんでした。

もっと正確に言うなら、裏切り者の子孫と見られました。

今でも、在日は南朝鮮においては同じような扱いを受けます。一度『祖国と母国とフットボール』という本を読んでみてください。そこには、在日である李忠成選手の体験が記されています。「韓国は自分を同族とは見てくれないんだなということを痛感させられました」と。

私も同じでした。いや、私の知る限り、ほとんどの在日同胞は〝祖国〟韓国において同様の強烈な疎外感を覚える事になります。日本では強制連行されてきたと習うのに、祖国では、朝鮮戦争による戦禍を避け日本に移り住んだ裏切り者と呼ばれます。

恥ずかしながら、８年近い体験を経て、私は、南朝鮮と在日コミュニティはオカシインじゃないかと気がついたんですよ。ちょっと間抜けですけどね。普通なら半年もしないで気が付きますよ。私は軍隊の異常なシゴキにも耐え、大学でも教授から差別を受け続けてようやくですから、ネジが抜けているかもしれません。

ですが、オカシイというのと史実は別物です。私は、被害者意識が国民規模で高まったから民族的におかしくなった、と当初は考えたのです。お人好しもいいところですよ。

そこで、私が習った南朝鮮の歴史と、そして、日本で学んだ歴史の違いを、資料に当たる事にしたのです。すると、調べれば調べるほど南朝鮮で習った歴史が真史ではない事が明白になるのですね。そこでようやく父の言葉が心に沁み入ったのです。

私は反日同胞からネトウヨ認定されているようですが、反韓や嫌韓という意識とは少し違います。憎しみはプラスの結果を生み出しませんから。私はなるべく、冷静に、反日同胞に真史を知ってもらいたいと考え、彼らが一番、反論できない手法、韓国の新聞をソースにして語りかけることにしたのです。

一部の方から在日は全て出て行け、という声も頂きます。究極な話、それが一番良いことでしょうね。日本における資産は全て凍結。裸一貫で祖国へ帰る。感情論からすればこの考えは間違っていない。ですから、ブログ管理者（記事やコメントのアップをしている支援者）にもそういったコメは削除しないようにお願いしています。ですが、現実的ではない。

だから私は、一人でも多くの在日同胞に真史を知ってもらいたいですし、南朝鮮の真の姿を知って欲しいと考えているのです。そうすることで、伊万里の職人のように、日本のために焼き物を焼き続けよう、祖国に帰ることなく、日本人として、日本に尽くそうという考えを持つことができると信じています。

嫌韓在日三世さん。だからあなたも私のブログにお越しになったのです。恨みは何も生みません。苛立ちは精神を貶めます。住まわせてもらっている日本のために、同胞のために、そして自分のために。あなたも韓国の新聞を通して同胞に語り続けてください。そうすれば、あなたの先生もきっと気がつくと思います。

あなたの人生が実りあるものとなりますように。人生の先輩としてこのエントリーを贈ります。

（私はどうやって韓国の呪縛から解放されたか　2015・5・18）

―私たちは恨みの民族と言われています。ですが、恨みは恨みしか生まず、恨みが募れば恨みを晴らす事もできなくなります。そんな民族に、人に、幸せが来るのでしょうか。それを、この若い在日同胞に、日本に住む全ての外国人に、何より南朝鮮人に考えてもらいたいと思うのです。

第2章　日本を乗っ取る在日・帰化人たち

拉致目的は背乗りと洗脳した人間による傀儡政権樹立

◆朝鮮王朝時代の飛行機「飛車」、再び空へ（2016・7・17 朝鮮日報）

ロシアのモスクワ国立技術大学で航空宇宙工学の博士課程に在籍し、無人機をテーマに研究を行っているイ・ボンソプさん（36）が最近「朝鮮の飛行機、再び空を飛ぶ」（サイエンスブックス刊）を出版した。同書には、「朝鮮王朝時代の飛行機の嚆矢（こうし）」と呼ばれる「飛車」を復元・製作した過程が記されている。

◆世界初の飛行機器、500年前に朝鮮民族が発明!?（2008・12・28 Record China）

2008年12月27日、韓国「聯合ニュース」によると、北朝鮮メディアは「我々の祖先は今から500年前に、現在の飛行機の雛形である『飛行機器』を発明した」と主張していることが分かった。中国新聞網が伝えた。

北朝鮮メディアが掲載した記事は「航空機の祖先―飛車」というタイトルのもの。この中で「壬辰倭乱（じんしんわらん／日本では『文禄の役』１５９2年）の頃に我々の祖先が空を飛ぶ夢を実現した。これが飛車である」と説明。

この記事は他の方も取り上げているのでスルーしようかと思ったのですが、南北の繋がりを知るためにはちょうど良いので、別な視点で解説したいと思います。

この飛車、当初出ていたイラストと別もんやん！というツッコミは本来、どうでもいいことで、北朝鮮の意向が相当深いところまで浸透してきたという事が分かる記事なのですね。この飛車、調べてみると朝鮮日報に初出が２０１2年12月3日みたいですから、北朝鮮が言い出しっぺという事になるでしょうか。

この時の南朝鮮では「何バカなこと言ってんの」でしたが、それがいつの間にか南朝鮮もその流れに乗って、という感じ。

というよりもウリジナルを唱えるセンセイ方はなぜだか左傾向にあるという、奇妙な一致も見逃せないのですが、南朝鮮は慰安婦や徴用問題だけでなく、こういったウリジナルに関しても北朝鮮が作り出した流れを肯定していくのですね。

北朝鮮の当初からの対南対日の目的は赤化です。

以前もブログで少し書きましたが、私たちは拉致の事実を知っていました。ここで言う私たちというのは総連や民団のことですね。

金田は当時は下っ端なので詳細は知る由もなかったのですが、大まかな事は聞かされていました。まぁ、期待の星でしたから（笑）↑一応、帰国後思うところがあって公安や外務省には拉致の事実を伝えています。その時の詳細は何かの折に。

拉致の目的は、一般に言われているような南朝鮮を日本経由で民衆を赤化しようというものではなく、背乗《はいの》り（工作員などが他人の身分・戸籍を乗っ取り、その人に成りすます行為）と洗脳した人間を送り込むことによる傀儡政権樹立が本来の目的です。

南朝鮮に関しては相当な部分で成就していますし、日本も残念ながらそれが進んでいます。

それではなぜ、北朝鮮の言い出した事に対して南朝鮮は肯定する、という流れができたのでしょうか。それは、赤化を成し得るためには〝偉大な指導者〟が必要なのと〝優秀な民族〟が必要だからです。そして、そのモデルとしたのがナチス・ドイツですね。

本来ならロシアの色が濃いはずの北朝鮮ですが、実際は独裁的、排他民族的色合いが濃いのです。それはナチス・ドイツの在り方を研究し取り込んできたからです。〝優秀な民族〟である必要性は、反乱を起こさせないため。適当に〝優秀〟であると思わせることが武力蜂起をさせない手法の一つでもあります。日本でも分かると思いますが、スグに手を出す反日同胞はバカが多いでしょ？　使えるコマは適当に優秀であるように思い込ませることが必要なのです。それは東京都知事選挙の際に、鳥越氏の応援に向かった自分をバカだとは思っていない某氏を見れば分かるでしょう。

その、優秀な民族を形成する要素の一つがウリジナルなのです。

自分たちは優秀であると思わせる事が、民衆をコントロールする有効な手段であるからこそ、ウンザリするほど繰り返されるウリジナル報道であり、その結果、厳しい生活を強いられても国が滅びないのはそういった側面もあったのです。

大空を旅してみたいという夢は、世界の多くの人たちが抱いてきたものです。だからこそ、無理くりにウリジナルを展開し自分たち民族の優秀さを示したいと考え、飛車を売り出しているのです。ここには、他国からの嘲笑があっても全く関係なく、自国の民衆だけが信じさえすれば良いので、いつもながらアナが大きな理論展開なのです。

（時には、なぜか、大空を　2016・7・18）

―ウリ（私たち）のオリジナルという事から由来する造語であるウリジナル。このウリジナル問題、基本、否定するのは日本と中国からしかないので欧米至上主義である南朝鮮では、日中の反論はほとんど報じられることはありません。ですから、ウリジナルは南朝鮮においては正論となり得るのですね。史実が否定する「ソメイヨシノ南朝鮮起源説」「茶道南朝鮮起源説」なども多くの日本人が反証を挙げていますが、南朝鮮ではそれを検証することなく、繰り返しウリジナルを報じます。史実よりも「民衆だけが信じさえすれば良い」というのが南朝鮮の報道の重要な考え方だからなのです。

在日社会に大衝撃！「在留カード」切り替わり問題

―次の記事は、当時「7月9日問題」と言われ、多くのデマがネット上で飛び交いました。なぜ、デマが飛び交ったのかと言うと、民主党政権時代の2012年7月、私たち在日外国人が持つ「在留カード」のあり方について〝在日外国人の利便性を高めるために〟旧来の外国人登録制度が廃止されて、それに伴って新しい在留カードに切り替える期限が2015年7月8日だったのです。

7月8日、正直、金田にとっては大きな変化はありません。

元々、通名を使用しておらず、証明書は全て本名。運転免許も、通帳も、資格関係も全て本名。そして、既にご存知の方もいらっしゃると思いますが、兵役も終えている。ですが、今年のソルラル（韓国の旧正月）で在日でいる意味もなくなりました。もう手続きに入っているのでいいのですが、たとえ帰化しなくても、私の生活は大きく変わることはないと思います。

ということで、金田が考える、7月9日以降の在日について。

（1）通名について

7月9日以降も通名は使用できます。

通名は住民票に記載されることになりますので、資格関係も、通名をコロコロ変える人でない限り、問題なく継続して使用することができますし、通帳も通名での使用が継続されます。ただし、今までのように簡単に変更はできなくなります。ただ、今後の公的資格などは全て本名記載になると思います。

金田は通名の完全廃止が必要だと思います。

（2）兵役について

在日朝鮮人には兵役延期があるので、それほど兵役志願者が増えることはないと思います。

仮に兵役免除がなくなったと仮定した場合、よく兵役法70条と94条が出てきますが、70条は国外旅行許可に関する項目で94条はそれに対する義務違反の項目。在日は旅行者というカテには入ったんですが、関係するとしたら84条の2を当てはめて200万ウォンの罰金を取った方が簡単。仮に15万人が兵役対象者でそれらをいちいち処罰していたらどれだけ大変か。それなら200万ウォンで済むならそっちを選ぶでしょうし、南朝鮮政府も3000億ウォン手にできるのだから悪くないですね。ということで、在日兵役志願者が増えはしても全員が行くことにはならないでしょう。

（3）徴税について

最も重要なのは住民登録証発給。2015年1月22日より施行されましたが、これは徴税のためですから。住民税は必ずしも住所地である必要はないのが日本の制度。それなら、在日朝鮮人が南朝鮮の住所地に納税、という事も可能になります。日本に住むなら最低でも三大義務（納税、勤労、教育）は負うべきですけどね。それなので金田はきっちりと住所地のある関西某所に納税しております。

（4）生活保護について

この住民登録証発給は南朝鮮政府にとってマイナス面もあります。それは社会福祉という責を負うことです。今、生活保護を受けている在日朝鮮人は住民登録証発給により南朝鮮籍に移管するワケです。そうなると、生活保護に関する事も南朝鮮が行わなければいけないというのが道理になる。これに関しては、日本国民はしっかりと監視し、徹底させるように自治体を動かす必要があると思います。ですが、実態は変わらず支給し続けることになるでしょう（根拠がなくなるのに、ですからサイアクです）。

（5）帰化について

もし生活保護を南朝鮮が行うことになったら、生活保護受給者は制度が整っている日本に帰化した方が良い、という事になる。高齢者を中心に帰化が進む可能性があります。年金受給資格のない在日高齢者は帰化を認めないようにするべきでしょう。なぜ、僅かな年金受給者が生活保護をもらえず、年金を支払わずにきた在日が生活保護をもらい、年金高齢者より良い生活できるのかがおかしいですよ。

そして、帰化申請に偽造書類を出す輩が少なくないので、徹底した調査を行い厳格化して欲しいですね。そして、愛国条項を加え、日本のために、ということを誓わせ署名させて欲しいです。やっぱり反日帰化人はまじめな帰化人にとって迷惑な存在ですし。ちなみに、帰化は緩くなると思います。

こんなところでしょうか。

ネットで流れる在日に対する情報の多くは正しくないように思います。どちらかというと在日にとっては生活しやすくなるように感じるのですが。ナンデ？

（7月8日以降のワタシ　2015・3・16）

在日に気兼ねすることなく「通名」を禁止すべき

通名というものがあります。同胞の友人たちは、

・歴史的に、創氏改名により日本から強制されてきたものだから、仕方がない。

・自分たち（朝鮮人）が自ら始めたことではない。

と言います。

これは正しくはありません。

日本が朝鮮を併合した際に、確かに創氏改名はありましたが、当時の朝鮮は名前に対する憧れがあり、創氏改名により氏を名乗れるようになったということで、どちらかと言うと積極的に自ら創氏改名を行ったという側面があります。

朝鮮人は基本、嘘をつく民族です。

創氏改名も自分たちの良いように解釈し、それを隠れ蓑にして悪事を働くようになったのです。

しかも圧力をかけて、日本国内で犯罪を起こしても本名が報道されることは稀ですから、こんなに使い勝手の良い制度は他の国にはないのです。言うなれば既得権益となっているのです。

今の世の中、通名がなくてもあらゆる面で問題が起こることはありません。

私も通名を使わなくなってからの人生の方が長くなりましたが、実生活で困ることは一度もありません。

日本政府も、私たちに気兼ねなく「通名禁止」にしてはどうでしょうか？

（通名は必要ない　２０１４・６・29）

犯罪歴を消しやすくする通名制度は廃止すべき

◆危機の韓国全経連　「韓国企業連合会」に名称変更＝改革案発表（2017・3・24 朝鮮日報）

【ソウル聯合ニュース】瓦解の危機に陥っている韓国最大の経済団体、全国経済人連合会（全経連）が名称を変更し、大々的な改革を実施する。

名は体を表す――。

何か問題があれば、名が悪いから新しく名前を変えてしまえば物事は好転すると考える根拠となるのがこの言葉です。日本人の考える意味とは随分違っていますよね。

自由韓国党という政党が今年（2017年）、新たに作られました。以前はセヌリ党という党でした。このセヌリ党も改名によって生まれた政党で、その前がハンナラ党、更に前が新韓国党、民主自由党、そして民主正義党。民主正義党は1981年に結党しましたからたったの36年で5回も政党名が変わった事になります。

その度に、体が変わると思い込んでいますが、実際は名前だけが変わり、実態を変えようとはせずに今に至ります。

日本も同じような政党があります。

民進党や社民党、自由党なんて変わり過ぎですね。共産党も一時期、政党名変更が噂されましたが、変更せずに今も共産主義を標榜し続けているからこそ、コアな人たちが離れずに済みました。自民党は民主党に歴史的惨敗をしましたが、政党名を変えずにいたからこそ、反日政党であることを露わにした民主党政権と決別する際に、有権者は選択肢のない選挙の中で自民党を選ぶ事になりました。名は体を表すからこそ、名をコロコロ変える政党よりもある種の信頼があるのでしょう。

南朝鮮人が変えるのは政党名だけではありません。

自分の名前もコロコロ変えます。特に、私たち在日は一時期まで本当に頻繁に名前を変えていて、時には5つぐらいの名前を同時に使っていた猛者もいましたし、通名変更を30回以上繰り返している人物も少なくない。今でも、本名、通名、通称と使い分けていたりします。

ちなみに通名は届出が必要ですが、通称は届出が不要。今、使っている通名が不都合な状態になった際に、使用していた実績がある通称があれば簡単に通名は変えられるのです。

もちろん、通名は好きな名前に変えられますから、家族で通名が違う事も珍しくありません。本名は金であっても、通名は父親が徳川で、母親が武田、息子は織田で、娘は豊臣でもアリ。使用実績があれば歴史的有名人の名前も付けられたりする。

だからと言って、通名に対して拘りがあるワケではないので、コロコロ変えますし、その名に恥じない人物になろうとは思わないのですね。

金田に息子が授かった際、息子の人生にとって最初の、そして最大のプレゼントになるであろうと、妻と共に一生懸命考えて名前を付けました。息子には通名や通称を使用することは禁じました。それだけ、名前というものは大切なものだと知って欲しかったからですね。

息子も私同様に嫁いでくれた女性と一生懸命考えて孫たちに名前を付けました。息子も、人生経験上、通名を変える人は自分を確立できておらず、犯罪傾向にあることを実感しているようで、通名は登録せず、そして使うことなく生きてきました。

名前を変える行為全てを否定はしませんが、私たちの特権である通名制度は即刻廃止すべきです。この制度があるから私たちは犯罪に向かいやすいし（犯罪歴を消しやすい）、アイデンティティーが養いにくいのです。

名前を変えても、本人が本質を変えようとしなければ何も変わらないのは南朝鮮の政党を見ていれば分かる事ですし、在日の犯罪も本名だけを使用している人よりも通名使用者の方がはるかに犯罪率が高い事からも分かるでしょう。政党も、在日も、名前を変えるのではなく本質からの改善を考えた生き方ができるようになって欲しいと切に願います。そうでなければ映画「君の名は。」の三葉《みつは》や瀧《たき》のように本当に大切なものを見つけることができなくなってしまいますから。

（名前が変われば全てが良くなると信じている韓国人　2017・3・25）

――これは2016年に大ヒットした映画「君の名は。」を意識して書いた記事でした。名が紡ぐ絆を美しい映像で魅せてくれたストーリーに、もし、通名というものが入り込んでしまったら…。きっとこの映画は凡作になってしまった事でしょう。名前を大切にするからこそ、強い絆を結ぶ事ができるのです。

仕事で偽名を使う人を信用できますか？

◆在日男性に本名強要の社長に賠償命令＝静岡地裁（2015・4・24 朝鮮日報）

【ソウル聯合ニュース】静岡県の40代の在日韓国人男性が勤務先の社長に本名を使うよう強要されたため精神的苦痛を受けたとして、損害賠償を求めた訴訟の判決が24日、静岡地裁であり、大久保正道裁判長は社長に55万円を支払うよう命じた。日本メディアが報じた。

原告の男性は韓国籍。日本で生まれ育ち、通称名（日本名）を使用していたが、勤務先の事務所で社長に「朝鮮名で名乗ったらどうだ」などと言われ、精神的苦痛と屈辱を味わったとし、社長に慰謝料330万円を求めていた。

日本社会で本名を名乗る在日韓国人は増えているものの、通称名を使用する人も少なくないとされる。

在日韓国人の権益を保護する在日本大韓民国民団（民団）は、「本名を使うかどうかは本人の意思を尊重している」とコメントした。

この大久保正道裁判長はトンデモ判決を下す事で良く知られています。
例えば、
知的障害男性に起因する事故の責任は施設管理者にある（2015・3・28）
ひき逃げ犯に対する免許取り消しは無効（2014・4・25）
業務請負の個人事業者を会社の労働者とみなす（2013・8・9）
など、かなり個性的というか一般的な感性では下せない判決を連発しているんですね。
これだけではチョットこの判決の趣旨が分からないので時事通信社から記事を引用します。

勤務先の社長が本名の韓国名を名乗るよう強要したのは人格権の侵害などとして、静岡県の40代の在日韓国人男性が社長を相手に、330万円の損害賠償を求めた訴訟の判決が24日、静岡地裁であり、大久保正道裁判長は社長に55万円を支払うよう命じた。

大久保裁判長は「氏名は人格の象徴。在日韓国人に対して使用する名前を強制することは自己決定権を違法に侵害する」と指摘。男性が入社後一貫して日本名を名乗っていたことなどから、男性に韓国名を名乗る意思がないことは認識できたと判断した。

判決によると、男性は韓国籍だが日本で生まれ育ち、日本名の通称を使用。2001

年に入社後も日本名で生活していたが、社長は12年11月～13年5月、他の社員の前で「朝鮮名で名乗ったらどうだ」などと繰り返し発言した。

基本は分かっているじゃないですか。この裁判長どのも。

金田も会社で「金田正二です」なんて名乗りませんよ。ブログネームを使うのは身の安全のため。仕事は本名できっちりと行います。結婚する時も、資格を取る時も、全て本名で行いました。通名を仕事で使うこと自体が「私は嘘つきです」と言うようなものでしょう。

通名は自分を隠すためのものです。本名を名乗れないって、よほど隠したいことがあるんですか？　この在日韓国人はよほど後ろ暗いものがあるんですね。同じ在日の私でさえ、この人物を胡散臭く感じます。会社を守る立場にいる人がそこを気にするのは至極当たり前のことでしょう。

いえ、その在日韓国人に対して「氏名は人格の象徴」であることを諭しているのですから、この社長は素晴らしい人格者ではないかと思いますよ。通名（正確には偽名）を使うカタギの人がいますか？　どうして、日本社会で本名を名乗る朝鮮人が増えているか。それは「氏名は人格の象徴」だからで、社会生活でウソを吐き続けたくないからです。

自分は在日だ、と公表できない人に責任ある仕事なんか頼めません。いつ犯罪を犯して逃げるか分かりませんし、通名を変えたら別人になれますからね。社長は、あなたに、そんな人になって欲しくないという優しさがあるんですよ。

ちなみに、最後のコメント、偉そうですね。さすがは民〇。

＞「本名を使うかどうかは本人の意思を尊重している」

これを決める権利は私たちではなく、日本国にあり、日本の社会がそれを受け入れるかです。バカじゃないの？

（通名は必要ありません。１日も早く廃止しましょう！　２０１５・４・25）

偽名をやめ本名で生活すれば心が変わる

◆〈インタビュー〉在日の元女性教師「次世代に韓日交流史伝えたい」（2014・9・18 聯合ニュース）

日本は他民族に対する差別が多く、中でも在日同胞は日本が植民地支配をした民族のため、差別がひどかったという。ユンさんは教師時代、差別を受けまいと日本名を使っていたと打ち明けた。子どものころに父親をなくし、周りにも在日同胞がいなかったため、自分のルーツをたどる環境ではなかった。日本人と結婚し、日本人になろうと心を決めたこともあった。

（中略）

韓日関係を正しいものにするには、歴史に対する公平な認識と活発な交流の歴史を広く知らしめなければならないと考えている。将来的には日本大韓民国民団（民団）や日本の社会団体などで次世代教育のボランティアに携わりたいという。「自分がなすべきことを見つけたようだ」と期待を膨らませた。

通名は別な書き方をすると偽名です。

偽名を使用する人はどんな人たちか分かりますか？　多くは後ろめたい何かを持っている人たちですし、偽名を使っている人に周囲の人たちがフッーに接する事は稀だと思うのです。同胞の皆さん、そう思いませんか？

よく「金田は強いからできるんだよ」と言われましたが、私が本名で生活し始めたのは随分と前からです。本名で生活し始めると、先ず、心が変わるんですよ。隠れた生活をしなくてよくなりますから。堂々と前に出て話すこともできるようになります。

朝鮮人は嘘つきだ。

これは正しい。

ただ南朝鮮人と在日朝鮮人の嘘は大きく異なるんですよね。在日は身分すら偽っての嘘つきですから性質が悪いんです。

そんなウソ偽りに固めた人を誰が温かく迎えてくれますか。

私は本名で生活をして此の方、「朝鮮人」と罵られることもなく、この反韓機運が高まっても尚、そういった目で見られることもなく、会社でも順調に出世し、日本人の部下や同僚とともに飲みに行ったり旅行したり、楽しく過ごせています。

このユンさんという方は私より少し年上なんでしょうが、世代としてはそう変わらない方でしょう。

もし、逃げずに本名で生活していたらもっと素晴らしい人生が送れていたはずなのに、と声をかけてあげたい。そう強く思わされた記事でした。


（通名なんか使用するからこんな人生、の見本　２０１４・９・19）

朝鮮人と見られるのは恥、だから通名で日本人と偽る

どうして在日朝鮮人は通名を使いたがるのでしょうか。

犯罪気質の人にはもってこいの制度ですから、犯罪者は通名を使うでしょう。今後、通名の在日朝鮮人は犯罪者だと思われる日がそう遠くないと思います。ですが、一般の在日朝鮮人も通名を使いたがる人はいます。それも、新しい在留資格に変更する1年を切った末だ（２０１４年10月）に、です。

なぜ、私たちは通名使用にこだわるのでしょうか。その根底には差別や恥、というも

のがあるのだと考えています。

私は本名を使い続けて相当長くなります。国家資格も運転免許証も全て本名で取得しています。周りの人たちも、日本語の達者な朝鮮人と私のことを見ているのでしょう。

どうして通名を使わないのか――と聞かれても、本名で生きていくのに不便な社会ではありませんよね、日本って。

幾度か書きましたが、今まで差別らしい差別を受けたことがないです。就職でも、昇進でも、結婚でも、そして地域でも。

南朝鮮では在日というだけで差別の対象。

アメリカでも日本人ではなく朝鮮人と分かると差別。

ヨーロッパでも朝鮮人は嫌われています。

それなのに、日本では差別されない。

自分の素性を隠す方が苦しくなりますし、差別されなければ隠す必要もないですよ。

この10年、実は本名を選択する在日朝鮮人（オールドカマー）は増えてきていて、通名を使いたがる人はニューカマーに多いように感じます。あと、問題を起こす人ね。

で、何で未だに通名を使うか。

その理由の一つに差別や恥があるのです。差別って言っても日本人からではないですよ。日本人以外から―同胞も含めて―の差別があるからです。

南朝鮮に行くと、明らかに、日本人よりも在日は差別を受けます。一生懸命、朝鮮語で話しかけても「発音が悪い」と言われますし、やれ、兵役だ、納税だ、抗日戦争から逃避した奴らだ、などと罵られます。なまじっか同胞故に、差別は容赦ないですよね。

外国では朝鮮人が行ってきた犯罪性を嫌でも見せつけられます。自分が同じ朝鮮人と見られることが恥ずかしいんですよ。アメリカでもそうでしょ？　自分が嫌われているから更に団結して嫌われるようなことを行う。そしてより嫌われて、もっと抗議を強める。これが朝鮮人です。

だったら、日本人のフリをした方が楽ですよ。

差別を受け、同胞に恥を感じるから通名を使って日本人を演じる。それが続けばどちらが仮の姿か分からなくなっていく。そういった在日に限って、海外でも「私は日本人」と平気で嘘を吐きますからね。

帰化して、日本のために尽くすのでなければ、在日朝鮮人は自費で南朝鮮に帰国すべきです。朝鮮人として生まれた出自を恥じずに堂々と生活すれば良いのです。私も身内にしっかりと正しい歴史認識を伝えきったら帰化しようと思います（現在は帰化）。それまで、朝鮮人として、日本の国益のために働きたいと思います。これが私の日本に対する恩返しだと思うので。

（在日朝鮮人が通名を使うのは日本人以外から差別されるため　2014・10・25）

日本に住むなら日本のために、帰化せぬなら国に帰れ

◆「帰国通告に従わなかった」…兵務庁がプロゴルファーのペ・サンムンを兵役法違反の疑いで告発（2015・2・3　朝鮮日報）

米男子プロゴルフツアー（PGA）で活躍するペ・サンムン（28）が、兵務庁の帰国通告に従わなかったとして兵役法違反の疑いで告発されたことが2日までに分かった。

大邱南部警察署によると、ペ・サンムンは大邱地方兵務庁から「1月31日までに帰国するように」と通告されたにもかかわらず帰国しなかったという。ペ・サンムンは2013年に米国の永住権を取得。徴兵による軍入隊を延期するため、先月に国外旅行期間の延長を申請したが、受け入れられなかった。
兵務庁は、ペ・サンムンが昨年、韓国国内大会への出場や大学院への通学のため韓国に133日間滞在していたことから、国外居住者と見なすことはできないとの立場だ。一方のペ・サンムンは、行政訴訟を進めながら当分の間PGAツアーに出場し続ける構えだ。

これは在日朝鮮人も覚えておいた方が良いですよ。
自分がどれだけ南朝鮮に滞在していたか。これは最低限カウントしておきましょう。
ということを教えたいのではありません。

在日同胞、特に若い人に知って欲しい事があります。

在日朝鮮人は日本国籍ではなく、南朝鮮国籍が大半でしょう。私たちはね、日本に住むなら日本の義務を果たし、そして、自分の国籍の国の義務も果たす。二つの国の義務を果たさなければいけない存在だって知っていますか？

そして、住んでいる国と国籍の国、どちらの義務を優先するか。これも決まっています。住んでいる国の義務を果たすのが優先です。日本だけでなく、アジア諸国もアメリカも、そしてヨーロッパでも、住んでいる国の義務を果たすのが優先されなければいけません。

その上で、国籍の国の義務を果たすのです。


兵役、面倒くさいです。給与も安いし、日本の1日分のアルバイト料くらいの月給です。イジメもあります。それなのに2年間という貴重な時間を費やすのは正直無駄です。精神の鍛練にもならないですしね。

でもね、それが私たちに課せられた義務なんです。折角、「延期」という手段も用意してくれたのに、それすら守らず、行政訴訟というのは甘えでしかない。


日本に帰化をしないで生きていくのなら、兵役は済ませるのが南朝鮮国籍者の義務です。そして、これからも日本に住み続けるのなら、兵役を終え、早々に南朝鮮籍から離脱して日本に帰化すべきです。そう、どちらを選択するにも、兵役は終えるべきなのです。

在日同胞の若者へ。

日本に住むなら日本を理解し、日本のために尽くしなさい。

南朝鮮はあなたを守らない。

あなたが日本で生活するのなら、日本の考えを尊重し、一生懸命学び、働き、納税する。

人に迷惑をかけない心を学び、そして、帰化をする。

帰化をしないのなら国に帰る。

私が通名を使わずとも、いままで差別などを経験したことがなく、大手と言われる日本企業で働き役職も得られているのは、日本人は人を評価する時には普段の私を見てくれていたからです。

通名は自分の本性を隠します。そんな人間を誰が信用しますか。通名は使わない、という決断を持つのも、一人の人間として生きるのに必要な決断です。

一生、本名を隠してあなたは生きていくのですか？

親友と言える人にも、通名という偽名を使い続けるのですか。

若いうちによく考えて、自分がどう生きるかを決断しても良いと思います。


（在日同胞の若者へ　２０１５・３・27）

実は帰化する在日は増えている

在日朝鮮人にとって国籍問題はどうしても避けられない問題の一つではあります。「一つではあります」というのも、実生活において在日であることが生活上で悩みのタネになることが〝ほとんど〟ないからです。

前にも少し書きましたが、朝鮮学校（民族学校）に通う子供がどんどん減っています。例えば、東京朝鮮学校では年間80人しか卒業しません。日本全国でも民族学校の数はどんどん減っていき、今では65校しか機能しておらず、実際に在日朝鮮人の90％は日本の学校に通っています。

この朝鮮学校組が将来の民団や総連の幹部候補になったり活動家になったりする率が高いのです。中には、某ジャーナリスト?という在日の女性のように民族学校に行っていないのに弾けた変わり種ももちろんいますが、大抵は民族学校卒業者が占めていると見ていて思います。

民族学校に通っている人は、自分の国籍に対する誇りもあるでしょう。帰化が、自分の存在の正当性（非常に南朝鮮的な儒教思想の一つ）を断ち切る行為だからといって帰化を拒む人も、いることはいます。
ある日本人学者?はブログで少しヘンテコな帰化しない理由を書いていましたが、少し見当外れな内容でした。私たちが帰化しない理由は、前述した通り、在留資格のままで不自由が〝ほとんど〟ないことがメインで、実際に帰化申請をしようとするとおよそ15万円もの費用が必要となってしまう事も一因だと思うのです。

通名を使用していない私でさえ、自分が朝鮮人だと改めて感じる場面がほぼありません。通名の使用、不使用を問わず、自分が朝鮮人だと感じるのは就職や結婚の時位ではないでしょうか。

息子も結婚する際に妻となる日本人の女性の両親に挨拶に行きました。もちろん、本名を名乗っていたのでご両親は彼が朝鮮人だとすぐに分かりましたが、きちんと職に就き、生活基盤が日本であり、日本の学歴を有していたこともあり、全く反対されることなく結婚することができました。そして、将来生まれてくるであろう子供も同じ宙ぶらりんな状態になるのは避けるべきだという私の意見にも納得して、結婚前に帰化申請をして日本国籍を得たのです。彼は帰化した際に「これで足が地についた感じがする」と言ったことを今でも思い出されます。

やはり15万もの大金を払うというのは（もちろん、手続きも面倒ですし）、何かの際に「帰化しよう！」と思わないとなかなか帰化に踏み切れないのですが、それでも１９９０年代から帰化申請者は増え、２００3年以降はおよそ年間1万人を超す在日朝鮮人が帰化しています。その関係で２０５０年には在日朝鮮人はほぼ存在しなくなる、と考える人も同胞の中にはいるくらいです。

ちなみに２００5年から帰化数が減少傾向にあるのは高齢化が進んでいるのと、在日朝鮮人も日本人同様に少子化が進んでいることによるものなので、今の反寒（韓）感情が作用している訳ではありません。それなので、在日朝鮮人が帰化しないという考えは大間違いなので、ヘンテコな、と思った次第です。

民族教育を受けていない大半の在日朝鮮人は、これからもドンドン帰化して行くと思います。そして、日本人としての責任を全うして行く人がほとんどでしょう。それに従い、在日活動家も次第に力を失っていくことになります。

私はもう少し、特に南朝鮮に住む身内に対して正しい歴史観を伝え切るまでは在日のままでいると思います。やはり、帰化すると、彼らは耳を閉ざしてしまうでしょうから。

（在日は帰化したがらない？↓いや、帰化しまくっていますから　２０１４・10・２）

――今更ですが、「同胞」と「僑胞（きょうほう）」という言葉があります。金田はブログでは「在日同胞」とか単に「同胞」と書きますが、「在日僑胞と書くのが正しいんじゃないのか？」というコメントを頂く事があります。この在日僑胞という言葉は、南朝鮮に住む人が日本に住んでいる在日朝鮮人に対して使う言葉なので、金田が同じ在日朝鮮人に向かって使う際には「同胞」という言葉を使います。もちろん、南朝鮮に住んでいる朝鮮人に対しても「同胞」になります。

また、ブログ内ではとても嬉しい言葉をかけて頂きます。私が在日朝鮮人に対して「同胞」と書くと、「もう帰化しているのだから、日本人が同胞なのでは？」とコメントを頂きます。確かにその通りです。ですが、金田は若い在日朝鮮人に正しい認識を持ってもらいたいと考えてブログを書き進めてきたので、ブログ内では同胞という言葉を在日朝鮮人に向けて使用しています。

義務を果たさない在日に限って問題を起こす

◆国際人権団体が日本を批判　「国際基準から乖離」（2015・2・25 東京新聞）

【ロンドン共同】国際人権団体アムネスティ・インターナショナルは25日に発表した世界の人権状況に関する報告書で、日本については在日コリアンに対する「ヘイトスピーチ」（憎悪表現）や旧日本軍の従軍慰安婦問題などに言及し「国際的な人権基準から乖離し続けている」と日本政府の対応を批判した。

報告書は、日本でヘイトスピーチを規制する法整備が進んでいないと指摘し、国際的な視点から見て政府の取り組みは不十分だと評価。従軍慰安婦問題についても、元慰安婦への十分な補償を政府が拒み続けているなどとして批判した。

どうして人権、人権、という人たちは共産や社民、民主に関係のある人たちで占められるのでしょうか。この団体の日本支部事務局長、若林氏も民主党でしたね。

で、この団体が言う人権、というものについて考えてみました。

この団体のサイトには次のような文言があります。

誰でも感じる不当な「苦しみ」「悔しさ」を繰り返さないようにするために、一つ一つの権利が人権とされてきました。

そう、人権というのはこの一言に尽きます。間違ってはいないのですが、全ての権利は義務の上に生じる、という原則があります。労働者の権利しかり、最近はやりの〝加害者〟の権利しかり。権利を主張する前に義務を果たす、というのが前提としてあるのです。

それではヘイトスピーチというものでの主張はどういったものなのでしょうか。

「在日外国人に対する参政権反対」

といったものがあると言います。これに対して在日朝鮮人団体が主に「在日外国人に対する権利をもっと拡大しろ」と言います。中には、永住権を持たずにいる不法滞在者に対する権利拡大を訴える人もいます。

ですが、在日外国人は日本人と同等の義務を果たしてはいませんから、それに相応する権利も主張できません。

「在日は出て行け」

というものもあるのだそうです。基本、犯罪者は国外退去。これは当たり前です。働かない人間は在留資格を剥奪、というのも間違っていません。生活に困窮するのなら、その人の持つ国籍の国の制度で保護されるべきでしょう。そういった事もせず、日本におんぶに抱っこ、というのなら出て行けと言われるのは当たり前です。日本に来てすぐに生活保護申請なんて以ての外でしょう。

そう、ヘイトスピーチは義務を果たさない在日外国人に対する正当な要求である事を、今後のスピーチでは語ると良い、ということですね。

私も義務を果たさない在日は嫌いです。そういった人に限り、問題を起こすのですから、色々言われるのは自業自得でしょう。日本支部の人も、ここはきちんと伝えないと、単にディスカウント・ジャパンをしているだけになりますよ。

それと、この団体のサイトに素晴らしい言葉が他にもありましたので紹介します。

偉い人なら悪いことをしても罰を受けない社会なら、権利は守られません。権利が守られない社会では人権も守られないのです。

これは正に南朝鮮の事ですね。だからって、その権利を日本に守ってもらいたいというのはお門違いですよ。

（人権の国際基準、とは　２０１５・３・２）

在日は南朝鮮同胞の下に位置し「血」で縛られている

◆李忠成と鄭大世。帰化という決断、在日サッカーの葛藤（2013・6・18 excite）

「韓国は自分を同族とは見てくれないんだなということを痛感させられました」と李は述懐している。

「朝鮮半島にルーツがあるけど、日本で生まれ育った僕は韓国人ではないのかもしれない。でも、日本に戻れば国籍上は外国人になる。韓国人でも日本人でもない僕は、何人なんだろう」

「日本の中にもうひとつの国があるような感覚なんです。それが〝在日〟という国。

朝鮮でも、韓国でも、日本でもない〝在日〟という国が、オレにとっての母国なのかもしれない」

李忠成選手が帰化して日本代表になったことはよく覚えています。記事中にもありますが、もう、在日同胞との会話は連日この件でもちきりでしたから。

そして、彼の「韓国は自分を同族として見てくれない」という想いは、本当によく分かったんですね。自分が南朝鮮で感じたことそのままですから。「『李』と名乗ることでイジメられるのではと心配したが、実際には拍子抜けするほどに自分を受け入れてくれた」というのもそう。日本人は自分を偽る人間を避ける傾向がある。いや、日本人というより人間は、なんだと思う。

在日朝鮮人の多くは、小さい頃から自分を偽って生きてきたんですね。通名を使い、自分という正体を常に隠して生きてきた。そんな人間、南朝鮮でも受け入れられるはずがない。

在日同胞の皆さんに聞きたいですが、南朝鮮国内で通名を使っている人がいますか？

自分を隠すのは後ろ暗いから隠すんですよね。だから、南朝鮮で生活しようとすると、差別されるんです。もちろん、在日同胞のほとんどが難民ですから、南朝鮮人にしてみれば、戦火を逃げた裏切り者に見えます。それは間違っていない。だから余計に差別される。

質問：目立つ地位にいる在日コリアンは、本国を持ち上げないと身に危険が迫るとかあるんでしょうか。

そう、在日同胞は南朝鮮同胞の下に位置する人間です。分かりやすく言うなら李朝と清の関係。清に対しいつまでも頭をこすり続けた李王と同じで、南朝鮮に対し、いつまでも頭を下げ続けないといけないのが在日同胞のリーダーなのです。そうすることで、在日同胞のリーダーだと南朝鮮政府から認めてもらえ、利益を得ることができるのです。在日同胞はこんな辛さの中にいます。そして、もう一つ、葛藤があります。帰化人は日本人と見てくれないのかも、というものです。

私たちは日本人以上に〝血〟で縛られています。本当はそんな縛りなんて存在しない。

ですが、なぜだか帰化してもその縛りの中で生きる人が少なくないのです。これは祖国に対する自分のルーツを知るというのとは別で、多くは脱洗脳からくる苦しみ。もしくは恥からくる苦しみ。

以前、帰化をした友人から相談を受けました。「帰化後、日本人として生きようとすればするほど苦しくなる」というのです。実は真面目なというより善良な帰化人ほどそう感じるのでしょう。自分の中の日本人像に押し潰されるのです。とても残念なことに、帰化人全てが善良ではなく、善良でない帰化人ほど有名になります。それは民団などから見れば使い勝手の良い人材ですからね。で、善良な帰化人は、そういった一部の善良ではない帰化人像を避けて、より善良を目指す。だから苦しくなるのです。

帰化をして、日本に尽くす。これだけでいいのです。

他人と比較して生きるのは辛いですよ。もし、将来的に日本の制度が変わり、善良でない帰化人を排除しようという動きがあっても、善良な帰化人も一緒に排除しようという人はきっと日本にはいない。

多くの善良な帰化同胞の皆さん。まだ帰化を済ませていない私が言うのもおこがましいですが、日本に尽くしている人ほど、心の葛藤はなくなります。前出の友人も同様に今は心惑わせることなく生活をしています。制度上は帰化人でも、日本を愛する心が日本のために向いているなら、帰化、という言葉の重みは軽くなり自然に暮らせるようになると思います。

（「リクエスト」在日は韓国では生きづらい　2015・3・31）

日本で稼いだ金を韓国に落とす在日企業

◆仁川空港近くで韓日合弁の複合リゾート着工（2014・11・21 朝鮮日報）

韓国最大のカジノ企業、パラダイスグループと日本のエンターテインメント企業、セガサミーホールディンスの合弁会社「パラダイス・セガサミー」は20日、仁川空港がある仁川市の永宗島地区で複合リゾート「パラダイスシティー」の起工式を行った。開業は２０１７年前半の予定。両社は２０１１年に仁川国際空港国際業務地域開発事業の優先交渉対象者に選ばれていた。

ニューカマーとオールドカマーの違いは今まで幾つか書いてきましたが、先日のロッテといい今回の記事といい、正直、オールドカマーがやる事は件数は多くないものの、日本の国富流出に繋げたり、その商活動が日本のマイナスイメージを作り出すのでタチが悪い。

日本でも在日企業として良く知られる会社による合弁事業記事ですが、外国籍経営者による海外投資を規制できないんですかね。

本当に日本に住んでいて、ここまで差別どころか区別のない国は珍しいです。他国だと外国人の商活動には規制がかけられるものなんですよね。それを日本ではワザワザ法の網を広げてくれたり。他人のことは言えないのですが、特別永住者制度はいらないですよ。

新しい制度では2年以内に再入国しないと特別永住者の資格を喪失しますが、２年？

長過ぎですよね。みなし再入国は便利ですが、犯罪者にも便利です。

右系の方は「在日崩壊」という人もいますが、私にとっては網の目が荒くなった感じです。

特別永住者が起業する場合、日本資本が過半数を超えなければいけない、不動産は購入できないなど、大きな規制をかけなければ、中から蝕まれていきます。


（日本で稼いだ金を韓国に　2014・11・21）

反日の在日を国外退去させることは現法律でも可能

◆「在日韓国人が追放される」日本の右翼勢力がデマ拡散（2015・7・22朝鮮日報）

日本の法務省入国管理局のウェブサイトが今月10日、一時まひした。不法滞在外国人を通報する窓口に9日からネットユーザーが「集団通報」を行い、サーバーがダウンしたためだ。通報者は「近所に追放すべき在日が住んでいる。追い出した上で報奨金が欲しい」などといった電子メールを送りつけた。

法務省はサーバーを復旧し、ウェブサイトには「不法滞在者と思われる外国人に関する情報を受け付けるものであり、適法に滞在している外国人に対する誹謗中傷は固くお断りする」「誹謗中傷メールなどを防ぐため、情報受付に電子メールを送られた方のIPアドレスを自動的に取得している」という案内文を掲載した。外国人と記述しているが、事実上在日同胞（在日韓国人）を念頭に置いた措置だ。

今月9日以降、入国管理局になぜこうしたメールが殺到したのか。21日付朝日新聞は「（日本人の間に）7月9日以降、在日韓国人を追放するという悪質なうわさが広がり、法務省が措置を講じたものだ」と報じた。

本紙の取材によると、実際に日本のインターネット、ツイッターには今月初めから「7月9日から周辺に『在日』がいると政府に通報すれば、報奨金がもらえる」という情報が出回り始めた。「報奨金の金額は1人当たり5万円」「在日1家族（４人）を通報すれば最大20万円もらえる」などと扇動する人もいた。そういう人々が6月に徐々に増え、7月初めにピークに達した。7月9日以降は入管に「町内に在日がいる」というメールが相次いだ。ネットユーザーの一部はフェイスブックで在日同胞を検索し、無作為に通報したり、共有掲示板で通報状況を報告し合ったりした。

先月特別永住権証明書への切り替えを終えた在日同胞Aさんは「普段から中傷されながら暮らしているので最初は無視したが、意外にも多くの日本人が私を追放対象だと思っていたので、驚いて区役所と大使館に確認した」と話した。Aさんは「ここで生まれ育ったのに不法滞在扱いされるとは、悪質なデマだとしてもあまりにつらかった」と話した。

在日同胞4世のBさんはツイッターに「右翼サイトが（勝手に）『不法滞在者取り締まりリスト』を作成し管理しているようだ。流言飛語だと思って気にしないようにしたが、ますます暮らすのが怖くなった。関東大震災後の朝鮮人虐殺を目撃した思いだ」と書いた。東京の民団中央本部のソ・スンジャ生活部局長は「在日同胞が7月9日以降追放されるというデマを聞いた同胞らが日本全国の民団事務所に相談の電話をかけてきている」と話した。

日本の外務省関係者は「『特別永住者証明書』の発給は強制送還と全く関係ない。今後もウェブサイトを通じ、詳細に案内していく」と説明した。

「7月8日以降のワタシ」というエントリーをした事があります（80〜84頁参照）。金田の書いてある通りに今のところ進んでいますし、暴動が起きるというデマも流れましたがそれもありませんでした。

金田も反日同胞からネトウヨ認定されているみたいですが、一応、事実を積み重ねる、という理念でエントリーしているつもりなので、一部の反日同胞が「金田の記事は嘘ばかりだ！」という意見を流す度に、彼らのムチぶりに呆れるばかりです。

ただ、一部のネトウヨさんもやはり正しい知識は知って欲しい。反日同胞を国外退去させたいのならもっと制度を知らないと。

闇雲に情報を流すと真の情報が埋もれてしまうんですよ。本当に国外に退去させたい人物を絞れば良い。

例えば、私たち特別永住者は何が特別だか知っていますか？　それは入管法で規制された存在ではなく、入管特例法による規制を受けるのです。

国外退去に関してもそうで、一般の外国人は1年以上の懲役若しくは禁錮刑の場合、執行猶予があっても国外退去となります。ところが、特別永住者は違うんですね。

一　内乱または外患に関する罪で禁錮以上の刑に処せられた者（ただし、単に暴動に参加した者、執行猶予を受けた者は除く）
二　国交に関する罪により禁錮以上の刑に処せられた者

三　外国の元首、外交使節又はその公館に対する犯罪行為により禁錮以上の刑に処せられた者
四　無期又は七年を超える懲役又は禁錮に処せられた者

このうち、三と四については、「法務大臣においてその犯罪行為により日本国の外交上の重大な利益が害されたと認定したもの」という限定つき。こんな条項に該当する在日はほぼいませんよ。皆さんのやり方は少し不毛と言えるでしょう。

それならば、法治国家である日本が合法的に国外退去させるには法をもっと理解すべきでしょう。私たち特別永住者は別な表現があって「平和条約国籍離脱者及び平和条約国籍離脱者の子孫」という事になっているんですね。

で、その定義は、

「日本国との平和条約に基づき日本の国籍を離脱した者等の出入国管理に関する特例法」より抜粋
第二条　この法律において「平和条約国籍離脱者」とは、日本国との平和条約の規定

に基づき同条約の最初の効力発生の日（以下「平和条約発効日」という。）において日本の国籍を離脱した者で、次の各号の一に該当するものをいう。
一　昭和二十年九月二日以前から引き続き本邦に在留する者
二　昭和二十年九月三日から平和条約発効日までの間に本邦で出生し、その後引き続き本邦に在留する者であって、その実親である父又は母が、昭和二十年九月二日以前から当該出生の時（当該出生前に死亡したときは、当該死亡の時）まで引き続き本邦に在留し、かつ、次のイ又はロに該当する者であったもの
イ　日本国との平和条約の規定に基づき平和条約発効日において日本の国籍を離脱した者
ロ　平和条約発効日までに死亡し又は当該出生の時後平和条約発効日までに日本の国籍を喪失した者であって、当該死亡又は喪失がなかったとしたならば日本国との平和条約の規定に基づき平和条約発効日において日本の国籍を離脱したこととなるもの
２　この法律において「平和条約国籍離脱者の子孫」とは、平和条約国籍離脱者の直系卑属として本邦で出生しその後引き続き本邦に在留する者で、次の各号の一に該当するものをいう。
一　平和条約国籍離脱者の子

二　前号に掲げる者のほか、当該在留する者から当該平和条約国籍離脱者の孫にさかのぼるすべての世代の者（当該在留する者が当該平和条約国籍離脱者の孫であるときは、当該孫。以下この号において同じ。）について、その父又は母が、平和条約国籍離脱者の直系卑属として本邦で出生し、その後当該世代の者の出生の時（当該出生前に死亡したときは、当該死亡の時）まで引き続き本邦に在留していた者であったもの

（法定特別永住者）

第三条　平和条約国籍離脱者又は平和条約国籍離脱者の子孫でこの法律の施行の際次の各号の一に該当しているものは、この法律に定める特別永住者として、本邦で永住することができる。

一　次のいずれかに該当する者

イ　附則第十条の規定による改正前のポツダム宣言の受諾に伴い発する命令に関する件に基く外務省関係諸命令の措置に関する法律（昭和二十七年法律第百二十六号）（以下「旧昭和二十七年法律第百二十六号」という。）第二条第六項の規定により在留する者

ロ　附則第六条の規定による廃止前の日本国に居住する大韓民国国民の法的地位及び

待遇に関する日本国と大韓民国との間の協定の実施に伴う出入国管理特別法（昭和四十年法律第百四十六号）（以下「旧日韓特別法」という。）に基づく永住の許可を受けている者

ハ　附則第七条の規定による改正前の入管法（以下「旧入管法」という。）別表第二の上欄の永住者の在留資格をもって在留する者

二　旧入管法 別表第二の上欄の平和条約関連国籍離脱者の子の在留資格をもって在留する者

そう、禁錮云々の前に、特別永住者としての要件が認められない者が大多数、という事です。例えば、日本に密入国を証言した在日がいましたね。彼らはこの法による要件を満たしていませんから、特別永住者資格は剥奪する事が法的に可能です。

日本で生まれ育った云々は関係ありません。簡単に調べられますから、在日同胞は自分の直の一世はいつから日本に居たのか調べてみましょう。

通報するなら、いつから日本に居たのか、それを根拠として行うのです。

「何処何処に住む誰々は特別永住者として登録されているが、彼は入管特例法に定め

る昭和20年9月2日以降に不法入国した人物の子孫であり、法に定める特別永住者に該当しませんが不法にその資格を入手しました。証拠は◯◯という雑誌に掲載されています」

と書くのです。これが現在の法を改正せずとも国外退去にできる唯一の方法です。有名人ではなくても、新聞のインタビュー記事など結構多く見つけられますよ。

金田ですか？　帰化申請の時に調べたら数少ない該当者でした。そこは素直に嬉しかったです。スミマセン。

反日同胞の方は金田を裏切り者って言わないでね。悪いのは私たちなんですから。

（合法的に特別永住者資格を剥奪する方法　２０１５・７・22）

― 本来、在留資格というものは世襲されるべきものではありませんし、そもそも、私たちの大半は不法入国者です。日本は法治国家であるなら、普通に法の運用を行うだけで反日同胞を国外退去にする事が可能になります。外務省はもう少し仕事をしても良いのではないでしょうか？

「恨（ハン）」は一生利益を得られる集金システム

◆「謝罪に執着する韓国人を風刺」（2015・10・25 Chosun.com）

「ニューヨーカー」は米国在住の韓国系小説家であり、米ペンギン・プレスの編集長でもあるエド・パクが書いた長文の書評「すませんが、すまなくない（Sorry not sorry）」を掲載した。この書評は韓国では政治・社会的にも会社生活などでも「謝罪」する文化が重要な役割を果たしていると強調する。部下がミスをした時、部下が上司に謝罪するのはもちろんのこと、上司も責任を取るという意味で謝罪しなければならないが、不思議なことに韓国では過去の過ちに対する謝罪要求が繰り返されるというものだ。韓国人が何度も「謝罪しろ」としつこく要求するのは、「悲しみや怒り、絶望が入り混じった『恨（ハン＝晴らせない無念の思い）』のためだ」としている。

これは昔の概念ですね。今、謝罪を繰り返し要求するのは全て、お金が絡んでいる。そう、全てです。

慰安婦様も
徴用者様も
被害者様も
遺族様も

どうして、ここまで執拗に謝罪を求めるのか。「悲しみや怒り、絶望」が入り混じった旧来の恨の思想だけではもう説明がつかなくなっているんですね。

そして、最近の傾向では〝恨〟は相続できるようになりました。そして、恨は一生利益を得られる集金システムと化している。それがあるから最近の訴訟は徴用者の遺族なんかが原告入りし始めている。

補償のオカワリをするためには私たちは同時多発的に策を弄《ろう》します。その中には相手側にこちらのシンパを作ることは当たり前のように行います。民団の帰化推進はオールドカマーにはしていないんですね。実はニューカマーを中心に行っている。

なぜなら、若い帰化人は国の中枢に送り込めるからですね。

そう、ただ「絶望」なんかはせず、「１００倍に奪い返す」という強い意志を持って、日本という国を侵食しているのです。集金の永久機関を作ろうとしているんですね。

帰化したばかりの金田が言うにはおこがましいのですが、日本の帰化は緩過ぎる。日本を思う政治家は国を私たちに乗っ取られないように、もっとダイナミックに、そしてスピーディに既存の在日や帰化に関する政策を厳しくすべきです。

それが無用な謝罪や賠償を要求させない、一番の方法だと思うのです。

（韓国が謝罪を繰り返し要求するのは国を乗っ取るため　２０１５・10・25）

―日本の帰化申請手続きは正直なところザルだと思います。本来なら前科者は帰化できないはずですが、実際はそうではないようですし。中には帰化は大変、という人もいるようですが、純粋に書類不備があったりするだけでしょう。

日本の国を守るためには、帰化申請は厳格に、在留は世襲させない、何より、南朝鮮には関わらない、というのが一番なのです。

有事の際、祖国のために働く使命を負った在日帰化人

◆韓国系米国人　北朝鮮で逮捕＝拘束者3人に（2017・4・23 朝鮮日報）

【ソウル聯合ニュース】北朝鮮の平壌を訪問していた韓国系米国人が北朝鮮当局に拘束されたことが23日、分かった。

キム氏は延辺科学技術大の教授だった当時、北朝鮮への支援活動を行っており、今回も支援活動について議論するため、北朝鮮に約1カ月間滞在したという。

北朝鮮では韓国系米国人のキム・ドンチョル氏と米国人大学生のオットー・ワームビア氏の2人が長期の拘禁刑を言い渡されて拘束されている。

世界北韓研究センターの安燦一（アン・チャンイル）所長は「米朝関係が悪いため、キム氏（の拘束）を交渉カードに使う意図とみられる」との見方を示した。

どれだけの南朝鮮系帰化人が次のような話を聞いているかは知りません。ですが、私たちには、少なくともある種の使命を背負って帰化する人がいます。

なぜ、今回、拘束されたアメリカ人は南朝鮮系だったのかご存知でしょうか？

記事にもあるように元々が従北者（北朝鮮の主旨に従う人たち）であり、一定の環境にいれば北朝鮮からの退避などの情報は容易に入ってくる。それにもかかわらず、こんな直前まで北朝鮮にいた事に、多くの日本人は驚いていると思います。可能性として、従北者だからあえて北朝鮮に捕まった、という見方ができるのですね。

金田が帰化する際に、同胞から言われた事があります。

「帰化をしたら日本人としてのベールを被れる。有事の際は日本人として祖国のために働くように」

要するに、人の盾として働け、というのです。

まぁ、金田は日南（日本と南朝鮮）で戦争になれば容赦無く日本側に立って撃ちますけどね。それが仮に息子であっても。

ですが、そういった使命を背負っている帰化人は少なくない。こういった朝鮮半島有事の際に、仮に私たち朝鮮系帰化人がこれから成立するであろう「テロ防止法」の監視対象になったとしても、それは、上記のような背景があるのですから、金田は仕方がないと思います。

キム某氏が人の盾となるべく北朝鮮に渡航していたかどうかは分かりません。ですが、日本にはそういった帰化人がいることだけは知って欲しいと思います。

ですから、日本は永住権や帰化申請者に対してはより厳重なスクリーニングを行うべきで、移民政策の多くは中南（中国と南朝鮮）がその対象となり得る、とされていますから、そこには有権者はハッキリと「NO！」と言い、厳格に対応すべきなのです。


（在日朝鮮人の帰化に厳格なスクリーニングを　2017・4・23）


―金田は民団とは繋がりを絶っていません。せっかくの情報源でオイシイネタを提供してくれるのですから、日本のために生きると誓った金田にとっては民団サマサマなのです。

で、ここで一番重要なのは「有事の際は日本人として祖国のために働くように」ですね。純粋な日本人は覚えておいてください。こういった帰化人は少なくないということを。それ故に、帰化申請は厳格化すべきなのです。

第3章　日本に存在してはいけない組織「民団」

帰化申請を厳格化し仮面帰化人の悪行を防げ

◆駐日韓国大使「今年は首脳会談実現に焦点」　民団にも言及（2015・1・19朝鮮日報）

【東京聯合ニュース】韓国の柳興洙（ユ・フンス）駐日大使は19日、東京都内の大使館で韓国メディア関係者らに対し、「（韓日両国の）首脳会談を実現することに今年のすべての焦点を当てる」と述べた。

柳氏は両国の文化交流は活発に行われているが、首脳会談が開催されていないことから「まだ関係が正常ではない」とした。また今年が両国の国交正常化から50年になることに触れ、「両国関係が円満な状態に改善されず、新年を迎えたことを残念に思う」とした上で、両国の関係正常化に向けた外交環境整備に取り組む姿勢を示した。

また、日本の韓国人社会が連携し、在日国民らの日本内での権益向上のため支援する考えを明らかにした。在日本大韓民国民団（民団）と別の組織の対立を解消し、民団を中心にさまざまな活動が行われるようにしなければならないと強調。そのためには民団の改革が必要との認識を示した。

一応、民団と総連の対立は表面化させないようにしてきたはずなんですが…。「対立」って明言して良かったんですかね？

特に2006年に共同声明を出して以降は、日本の左傾化のためには左手でナイフを隠し持ちながら右手で握手してきた仲ではありませんか。経済情報誌（朝鮮日報）では〝日本の民間団体〟という隠語まで頂戴した総連なのに、敵対だなんて。総連にしたら後頭部を殴られた気分だと思いますよ。

ここで注目は「在日国民」という言葉ですね。

ありがたいですねー。私も国民にカウントしてくれているんでしょうか。徴兵時には大変お世話になりましたし、その前の学生時代には様々な面で外国人扱いを受け続けていたんですがーーー。いや、差別を受けたことはもう20～30年前のことですからいいんですが、私の人生の中で差別らしい差別は南朝鮮国内でしか受けたことがなかったんで、「在日国民」という言葉には違和感を覚えますね。ナニカウラガアルダロ？

そして、オールドカマーにとってどうでもいいのが「日本国内での権益向上」。正直、オールドカマーは日本で日本人と同化して、日本に益為す存在として生きていきたいと願っています。民団は当初、「在日本大韓民国居留民団」でしたが、もう、一時的な居留者ではなく、日本に溶け込んで行こう、ということで「在日本大韓民国民団」と名称を変更している事からも分かると思います。名称を変更して20年経つからか、変更当初の理念は失われているようですが。

ということで、団体によって要求が違うんですよね。民団は日本に〝寄与〟しているのだから国民並みの権利を！と言い、総連は日本に同化はしない、だけど金を寄越せ！という感じ。民団の考えで言うなら、さっさと帰化して日本に寄与すればいいことだし、総連はそれこそ国に帰ればいい。

それなので極左日本人と繋がるのは総連系が多いかな。ニューカマーは民団に所属しながら総連とつるむから質《タチ》がより悪いけど。

それは置いといて、生活保護やらなんやらの権利は国民だから享受できる。権益向上を望むこと自体が日本に溶け込む意思がないことを意味します。ただ、最近は仮面帰化が増えてきたから、帰化しても公務員や被選挙権は得られない、土地購入の制限などがあるべきですよ。もちろん、帰化申請を厳格化するのは当然です。そこまでしないといけないほど、最近の仮面帰化人の悪行は酷いですから。

本題に戻りますが、手を取り合って権益向上を目指していたハズの両者は、その実、対立していたことを公に晒すことで北朝鮮を挑発し、総連は民団に協力せよというメッセージになっています。ただ、この発言は南北対話にとってはマイナスになりそうではありますが。

（総連との対立って・・・　もしかして失言？　２０１５・１・20）

― 民団。正式には「在日本大韓民国民団」と言います。この団体は会員からの会費で運営されているように考えている人（これは当の在日同胞も含めて）が多いのですが、実際は南朝鮮からの支援を受けた団体であり、暗黙の了解として、日本に対して治外法権を要求している世界でも類を見ない「現地法人」です。私たち在日朝鮮人は、この治外法権を悪用して様々な活動を行っているのです。

地下組織に朝鮮人を送り込むのも民団の活動の一つ

◆韓国人暴力団員　日本に数百人？＝要職担うことも（2016・10・23 朝鮮日報）

【ソウル聯合ニュース】日本の暴力団に属する韓国人の暴力団員が対立する組織の韓国人暴力団員を殺害しようとした容疑で先ごろ韓国の警察に逮捕されたことを受け、日本で活動する韓国人暴力団員の存在が関心を集めている。日本で暴力団員として活動する韓国人がいることは韓国でさほど知られていないが、少数ではないことが分かった。

山口組、稲川会と並ぶ指定暴力団の住吉会にかつて所属していた男性が24日、聯合ニュースの取材に対し、韓国人暴力団員は日本全国で数百人に上るとの見方を示した。韓国人が組織支部のトップに上り詰めるケースもあるという。

敵対組織の韓国人を凶器で殺害しようとした容疑（殺人未遂）で韓国の警察に逮捕された30代後半の男の場合、韓国・大田の暴力団員だったが、パチンコにかかわる仕事をしようと2005年に日本に渡った。被害者の男性は、主に韓国人からなる地域支部で活動していた。この地域支部のナンバー2は、日本でキャバクラを運営していた韓国人の殺害を部下に命じた（殺人教唆）罪で08年に裁判を受けたが、無罪を言い渡されている。

これも組織で地位を固め、韓国人を呼び集め勢力を伸ばしたケースだ。

元公安調査官の菅沼光弘氏はヤクザの３割は在日と言っていましたが、実際は２％程度だ、という声もあります。関西だけで言うなら2割以上はいるというのが金田の実感ですが、そこは問題ではないのです。この在日の中にはニューカマーが多いという点に注目してもらいたいのです。

この記事もそうですが紹介されたオヤブンはニューカマー。これって可笑しいですね？

民団の非合法な活動の一つに、こういった地下組織に朝鮮人を送り込むものがあります。なぜ、大田《テジョン》の暴力団員が10年もしないで組織の中核にまで上り詰める事ができたのか。そこに、民団の一つの闇が存在しているからですね。

普通なら三下《さんした》からオヤブンに上り詰めるのにそれ相当の時間がかかる。そこから地域支部で上座に座れるようになるにはまた時間がかかる。いくら年功序列ではないからといって、これだけの昇進ぶりは何かの手助けがあっての話です。単に朝鮮から人を呼び寄せるだけでは地位が手に入るような世界ではありませんから。

私たちは、組織として反日・反勢力として長く活動してきました。当初は対立していたヤクザを潰すのならそこに入り込み協調路線を取る事を推し進めてきたのですね。それによってヤクザ世界に私たちは進出する事もできたが故に朝鮮人ヤクザや朝鮮人組長が多くなったのです。

ちなみに、〝反日右翼〟が多いのもこの朝鮮人組長と深い関係がある。そこは機会があれば書いていきたいと思います。

（なぜ韓国人は短期間でヤクザ組長になれるのか　2016・10・24）

—「右翼」と書くと日本人としての生き方を大切にする中で、自ずと天皇皇后両陛下を敬い、神事を大切にしていくものです。ところが、いわゆる「右翼」の一部は威圧的な行為で表面的に天皇皇后両陛下を祭り上げようとし、多くの国民を離反させようとします。それはそういった右翼団体の多くは在日朝鮮人が代表を務め、反日行動から日本本来の思想を破壊しようとしているからです。

なぜ民団は日本に存在してはいけない組織なのか

◆在日コリアンの日韓二重国籍を認めてほしい（2017・6・5 Business journal）

私どもは在日コリアンですから、日韓の壁を取り去っていくことが目標です。私どもの子どもも、日本人と結婚したり日本国籍を取得したりしています。在日コリアンの子どもは、22歳までは日本と韓国の両方の国籍を持っています。民団としては、日韓の往来をより自由にし、架け橋となるためには日韓の二重国籍を認めてほしいという願いがあります。

民団は、韓国国籍のみを参加条件とする国籍条項を撤廃し、在日コリアンだけではなく韓半島（朝鮮半島）にルーツを持つ方であればウェルカムです。そのため、なかには日本国籍を取得した方もおり、ニューカマーの在日コリアンや事情があって中国から来られた朝鮮族も約8万人いるとされています。それら韓半島にルーツを持つ方々を統合し、一緒になって活動してほしいと願っています。

そんななかで、自民党の河村建夫衆議院議員が会長を務める日韓親善協会中央会が日韓関係に積極的なことは、大変うれしく思います。河村会長は民団に対して特に親近感を持っています。日韓国交正常化50周年を記念して、2015年にソウルで記念式典を行いましたが、当時の冷え切った日韓関係の間で奔走され、多くの方々が参集したのは河村会長の努力のおかげにほかなりません。当日、朴前大統領と安倍首相のビデオメッセージが流れましたが、今後も日韓親善協会中央会とはいい関係をつくっていきたいと考えています。

在日韓国人のための、ではなく、最近では〝朝鮮人組織〟へと変化した「在日本大韓民国民団」中央本部副団長の林三鎬がインタビューで答えた内容が記事となったものです。ちなみに、ハヤシさんでもリンさんでもなく、イムと言わないと機嫌が悪くなる人ですね。

先ず、この記事には二つの誤認させやすい内容が含まれています。

・在日コリアンの子どもは、22歳までは日本と韓国の両方の国籍を持っています。

↓素直な方はこの文面を読んで在日コリアンは全員が日本と南朝鮮両方の国籍を持っていて、22歳を機にどちらかの国籍を選択している、と思い込んでくれます。金田は両親ともに南朝鮮人でしたから、日本国籍は帰化するまでは持っていませんでした。在日朝鮮人の大半は南朝鮮国籍しか持っていないのですね。

なぜ、こんなウソを書いているのかというと、「私たちは自らの意思とは関係なく二重国籍問題に曝されている」と思わせたいのです。もちろん、二重国籍問題はどのような状況であろうが個人が解決しなければいけない問題ですが、二重国籍は私たちにとって特権となり得るんですよね。パスポートの使い分けは、ここではちょっと書けませんが色んな事に使えるので。

また、帰化後の二重国籍問題をも睨んでいて、日本に帰化すると二重国籍にもなれる。金田は既に皆さんに報告済みですが、南朝鮮国籍は既に放棄している。ですが、それをしない帰化人は少なくないのです。そういった人たちの〝救済〟のためにも〝在日朝鮮人だけ〟二重国籍問題を要求するというのは、民団にとっては重要な案件なのです。

・韓半島にルーツを持つ方々を統合し、一緒になって活動してほしい

↓民団は南朝鮮国籍者だけが在籍していない事はウォッチャーにとっては周知の事

実ですが、民団はそういった人を吸収する事で、衰退していく組織の維持を行ってきたのですね。１％理論（１％の法則、１７９頁、２７８頁参照）がここにも当てはまり、北朝鮮籍の会員が増えれば、その活動は北朝鮮寄りに移行していく。そして、南朝鮮籍の会員よりも活動的ですから、現在では、総連以上に北朝鮮のための団体へと変貌し、また、中国寄りの団体にもなっています。

それ故に、「一緒になって活動」というのは、中国、南北朝鮮三国が、日本にある壁を打ち壊すために協力しよう！　という声かけになっているのです。

で、それに加担するのが某議員、ということ。日韓親善協会中央会の特別顧問の一人がマルハンの某会長。なぜ、パチンコが未だに幅をきかせているのかが、ここからも分かりますよね。そんな事もこの記事からは読み取ることができたりします。

それだけ民団というのは日本にはあってはいけない組織だとも言えるのですが、自民党からも民団を潰せ、って声がないのは本当に共謀罪を運用する気があるのでしょうかね。

（民団、新たな在日特権を要求する　２０１７・６・11）

民団との密約を反故にしたことで潰された民主党政権

◆市民がソウルの大気汚染を測定してみると…主犯は自動車（2017・6・27ハンギョレ）

ソウルの空気の質に影響を与える要因を探すために、環境団体の緑色連合が市民約130人とともに、直接空気の質を測定した結果、自動車が大気汚染の主犯だという分析が出た。市民たちが先月14〜15日、居住地近くの105カ所に総浮遊粒子状物質（TSP）と二酸化窒素の濃度を測定するキットを設置した後、緑色連合がこれを分析した結果だ。総浮遊粒子状物質は、粒子の直径が100マイクロメートル（1マイクロメートル＝100万分の1メートル）以下のものを総称する物質で、総浮遊粒子状物質が多ければ、PM2・5（微小粉塵）も多いと推定することができる。二酸化窒素は化石燃料が燃焼する過程で発生する物質で、大気中の水蒸気・オゾン・アンモニアなどと結合し、微小粉塵を作る。二つとも空気の質を判断することができる主な指標だ。

緑色連合の「PM2・5、押しのけよう！」プロジェクトの分析結果によると、多くの測定地域で休日の日曜日（14日）に比べ車両移動の多い月曜日（15日）に二酸化窒素測定値が高かった。「休日・平日」間の測定値の差が最も大きかった城東区（ソンドング）の「玉水（オクス）駅6番出口前」は、日曜日は17ppb、月曜日は55・4ppbで38・4ppbの差を示した。ppbは10億分の1を意味し、17ppbは空気量10億立方メートルの中に二酸化窒素が17立方メートルほどあるという意味だ。世界保健機構の二酸化窒素勧告基準値は40ppbだ。城北区（ソンブック）吉音（キルム）ニュータウンバス停（日曜日40・3ppb、月曜日73・1ppb）や江東区（カンドング）松坡（ソンパ）駅4番出口（日曜日44・1ppb、月曜日75・6ppb）などが、「休日・平日」間の測定値の差が大きかった。いずれも交通量が多いところだった。二酸化窒素はガソリンなどの化石燃料の燃焼時に多量に発生する毒性物質であり、呼吸器疾患に大きな影響を及ぼす。

市民測定値とソウル市の公式測定値の間の差も、今回の調査で明らかになった。市民たちが調査した先月14日、二酸化窒素の測定平均値は19・3ppb、ソウル市の測定値は15ppbだった。15日は市民の測定平均値は30・3ppb、ソウル市の測定値は22ppbだった。市民たちが設置した測定器はほとんど地上1~2メートルの高さで、人の呼吸器の高さと近いが、ソウル市の測定器の大半は高層ビルに位置しているためと見られる。「ソウル市の微小粉塵測定機の運営現況関連資料」によると、25区のうち21区の微小粉塵測定所の位置が地上10メートルを上回る高層にある。

日本以外の国の左派は時にはまともな活動を行います？　というより、本来、左派と呼ばれる人たちの存在価値は、社会保障や労働条件の改善のための要求活動だけではなく、こういった環境保全活動の確認など、実践を伴う、社会改善活動が行われるはずです。ですが、日本の左派といったら、嘘を捏造してそれを流布させるなど、信用できない人たちの集まりとなっています。

在日にとって、一番、信用できなかったのが民主党政権です。

民主党の、いえ、民進党の支持母体は民団ですから、民主党が政権樹立した時は、それはそれは大喜びしましたよ、民団は。内部ではお祭り騒ぎと言っても過言ではないくらい。なぜなら、私たちの悲願だった、選挙権がこれで得られるはずで、私たち在日が表舞台に出て、日本を支配することができるようになる、ハズでした。

それを、私たちの期待を裏切り、民主党は私たちに選挙権を与えなかったのです。理由は、選挙権を与えたら、民主党は解党される事になっていたからですね。それに対して、政権という甘い欲に溺れて、民団との約束を反故にして保身に走った結果、民団の息がかかったメディアが民進党に反旗を翻して、結果、民主党政権が滅んだのです。

これを分かりやすく書くと、在日朝鮮人と朝鮮系日本人との戦いに、朝鮮系日本人が屈したという事。それ以降、朝鮮系日本人議員は民団に今まで以上のポチっぷりを示す事になったのですね。

それなので、日本の左翼は本来、左翼であるべき姿を忘れ、ただひたすらに自分が所属する国のために働くようになったのです。それが安倍政権になってから、今までにないくらいおかしな左派活動が繰り広げられている理由です。

話はだいぶ遠回りしてしまいましたが、お嬢様（朴槿恵元大統領）政権は、経済活動を優先するためには環境問題を棚上げにする事に決めていました。やはり、規制は経済活動を萎縮させてしまう。日本みたく、新たな環境基準をクリアしていこう、という気概も技術もないから、その環境問題を自らの力では変えられないもの、という立場を取る事にしたのです。その姿勢に一石を投じる記事、という風態ですが…。

ですが、この左派の活動もまた素直に受け入れられない結果でもあります。それというのも、中国の経済活動に伴い、南朝鮮の環境汚染度も大きく変化していることは事実だからですね。北京オリンピックやG7など、経済活動規制を行う度に、ソウルの空も青くなった。

その事実をこの調査では覆すことができないのですね。まぁ、これは親中派による対中融和作戦でもある。なぜなら、この緑色連合は中国朝鮮族の緑色連合に関連する団体ですから。要するに、中国による経済制裁を快く思わない南朝鮮人の目を中国から逸らさせるための活動の一環に過ぎないのです。

ちょっと、南朝鮮が中国寄りになりつつある一つの傾向としてこの記事を読むと、少し背中に冷たさを感じるのは金田だけでしょうか？

（親中国に傾きはじめた韓国　２０１７・６・28）

―この記事の後半に緑色連合に関する内容を紹介したのは、民団もまた同じような手法を用いるからです。朝鮮系新聞にはよく「日本の民間団体」という変わった表現が用いられます。実は、この民間団体のほぼ１００％が民団や北朝鮮系の「在日本朝鮮人総聯合会」（通称、総連）の下部組織か関連団体だったりします。私たち朝鮮人は、こういった団体を隠れ蓑にして「国民の総意」を形成しようとします。

南朝鮮は反日が行き過ぎて政府もコントロール不能に

◆教授14人が見た大韓民国「規則破ってこそ利益を得られる社会」（2015・7・9 中央日報）

ハ・ヨンソプ延世大行政学科教授（52）が同僚教授13人と共著『危険社会と国家政策』を出した。ハ教授は「セウォル号沈没事故に衝撃を受け、知識人社会がこれを多角度から検討する必要性を感じた」と述べた。同じ学科の教授が同じ問題意識を持って共著を出すのは韓国の大学では多くない。共著に参加した教授の目にセウォル号沈没事故は代表的な「政府失敗」事例だった。お互い利害関係が絡む社会構成員が安全規則を守らず、これを監視するべき政府が役割を果たすのに失敗したということだ。

ハ教授は韓国社会について「規則を破ってこそ利益を得られる社会」とし「危機を予防する規制はあるが、規制を破っても摘発されるケースが少ないうえ、処罰が軽いため、守る人が損をする構造」と述べた。ホン・スンマン教授もセウォル号惨事に関し、「皮肉にも、あまりにも多くの規制があるため規制が守られなかった」と指摘した。

教授らは今回の中東呼吸器症候群（MERS）事態でも共同体を脅かす同じ危険要素

を発見した。セウォル号沈没事故後に市民が「誰も自分を助けてくれない」と政府に不信感を抱くことになったとすれば、MERS事態後は「同じ共同体構成員も自分を伝染させる危険要素」と感じることになったという。ハ教授は「ルールをよく守る社会を作れるように制度的に誘引しなければいけない」とし「政府と市民が参加する透明な情報公開と徹底的な監視・牽制を通じて、大韓民国を安全社会に導かなければいけない」と強調した。


最近は少しずつ南朝鮮や南朝鮮人の事を客観的に見られる人が出てきたように思います。

金田は実生活ではこのブログほど直接的な言い方はしていませんが、今までも繰り返し同胞に伝えてきました。何となくこのブログを読まれた同胞は分かるかもしれませんが、金田は大学卒業時は民団期待の星だったんですね。

何せ、兵役を終え、祖国の大学も卒業したのですから、期待されていたと思います。友人からも「普通にやっていたら今頃幹部だろうに」って言われる事もあります。ですが、金田はちょっと不器用なんでしょうね。自分の経験と、知識が、民団の方針を否定するんですよ。

だから、距離を置く事にしましたが、同胞にはずっとそれこそ〝対話〟を持ち続けました。このブログに書いてあるのは昨日今日の持論ではありませんので。こういった地道な活動から、反日同胞よりも、日本で生活をしていきたい、南朝鮮の言い分を聞いていると自分のアイデンティティーを否定されるように思う人が少なくない事が分かるのです。

ただ、それらの人の情報を資料に、と言われると、その気はありません。やはり〝裏切り者のリスト〟を作るなんて、何をされるか怖くて私自身も作る気はありません。

本題に戻しますが、南朝鮮のおかしさ自体は実は以前から声が出始めていました。この本の読者も、本を出版して吊るし上げられた人を覚えていると思いますし、日本の良さを発言して殺された高齢者や怪我を負った社会人などの事件がニュースになりましたのでご存知だと思います。

南朝鮮は「親日思想」を排除に向かうので命を落とす事もあります。それは日本でも同じ。下手をすると金田なんかは抹殺リストに入っているかも知れません。反日が行き過ぎて政府はコントロールできなくなっているからです。

それなので、今回のように法を守らせるためには「徹底的な監視と牽制」が必要と書くのです。

これには二つの意味を含めていて、モンスター化した南朝鮮人は普通に言って聞かせても無理だからそれ以上の牽制（＝ここでは制裁も含めています）もあり、という意味と、もう一つは、やはり軍事国家へ進むための国民統制令の準備も必要という二つの意味を含ませているのです。

本当のところ、総連や民団はオウムと同じですから公安の監視といった甘いことを言わず、解散させれば良いのです。大使館があるのに、その他に民団などが必要か、と聞かれて必要だと言い切れる人はいないでしょう。

日本も反日デモに参加した人たちは全員写真を撮り、公表する。そういった反日思想家が会社に入り込むのを良しとしない会社のためにデータベース化する、といった事も必要ではないかと思います。日本も反日同胞に対する徹底的な監視と牽制は必要だと思います。

ちなみに、金田が今の会社にいる限り、反日同胞は絶対に入社させませんので。お世話になっている会社を守るために金田は闘いますよ。あなた方と。だから、金田は余計に邪魔なんでしょうけど。

（韓国人を制御するには徹底的な監視と牽制が必要　２０１５・７・10）

――正直なところ、私たち朝鮮人ほど「洗脳」されやすい民族はありません。私たちは優秀であると国民に思わせようとするのと同時にどうすれば洗脳しやすくなるのかを考えた結果、漢字を捨てることにしました。文盲率が高いほど国民の洗脳はしやすいからですね。今回、書籍では取り上げませんでしたが、南朝鮮における機能性文盲（文章は読めるが内容が理解できない）率は49・8％。ここからも洗脳しやすい理由が分かって頂けると思います。

別組織である民団と総連が対日共闘を行う理由

◆全盛期の53万人から今や8万人に、弱体化する朝鮮総連（2016・3・26 朝鮮日報）

在日本朝鮮人総連合会（朝鮮総連）は1955年に結成され、一時は53万人が加入している、または影響下にあった強力な組織だったが、今では活動人数が8万人（日本政府推計）まで減少した。北朝鮮による今年1・2月の4回目核実験と事実上の長距離弾道ミサイル発射を受け、日本政府がかつてないほど厳しい北朝鮮制裁を発動したため、今後は組織の弱体化がさらに急速に進む見通しだ。

こうした中、日本の法務省は11日、日本で暮らしている在日韓国・朝鮮人のうち「朝鮮籍」を持つ人の数が昨年末の時点で約3万4000人だったと発表した。「朝鮮籍」とは、1945年の敗戦直後、まだ大韓民国が存在していない時期に、韓半島（朝鮮半島）に戻らず日本に残った朝鮮人に対して日本政府が付与した国籍だ。大韓民国建国後も韓国籍を取らず、また日本国籍も取得せず、当時の国籍をそのまま持ち続けている人が現在の朝鮮籍保持者だ。その人数が3万4000人ということは、朝鮮総連で活動する8万人のうち半分以上が韓国籍または日本国籍を持っていることになる。

だが1990年代半ば以降、総連は急速に力を失う。北朝鮮では数十万人が餓死している一方で、韓国では五輪とサッカー・ワールドカップ（W杯）が開催された。ただでさえ本国に懐疑的だった人々に2002年、衝撃を与える出来事があった。金正日総書記が自ら日本人の拉致を認めたのだ。総連の内部に詳しい在日朝鮮人は「全ては『日本政府のうそ』と言っていたのに、裏切られた気がした」と、当時を振り返る。

総連は当時、現金の調達に一層熱を上げるようになっていた。共産圏の崩壊と韓国の発展に焦った北朝鮮が核開発を目標に掲げ「個人の送金では足りない。企業からの献金を集めろ」と総連をせっついたためだ。総連は会員らの尻をたたく一方、独自のカネ稼ぎにも乗り出した。約40店のパチンコ店を運営し、不動産投機も行った。
だが、バブル崩壊に不正腐敗も重なり事業が失敗し、総連に資金を供給していた朝銀信用組合も破綻した。朝銀は1952年、在日朝鮮人が差別を乗り越えて生き残ろうと、資金を出し合って設立した金融機関だ。一時は預金総額が2兆5000億円に迫り、日本国内に38組合が置かれていたが、97年の朝銀大阪信用組合を皮切りに2001年にかけドミノ式に破綻した。
総連系機関誌の記者として活動し、幻滅を感じて組織を離れた金賛汀（キム・チャンジョン）氏（79）は「朝鮮総連は在日同胞の権利を守る団体としてスタートしたが、今や同胞に必要のない組織、なくなるべき組織になった」と述べている。

私たちの間ではよく知られている事ですが、総連だけでなく民団も多くの北朝鮮サイドの人たちが登録されていますし、誰とは言いませんが民団の某幹部は北朝鮮とズブズブでしょうに。

80年代は日本だけでなく民団や総連もバブルに浮かれていました。今とは違って反日的なプロパガンダ活動が表に出にくかった、という事も後押しして好き勝手にできた時代でもあったのでそれこそ隆盛を誇っていました。
ところが、90年代後半になると北朝鮮だけでなくＩＭＦ管理下に置かれた南朝鮮も一気に国内経済が萎んでしまう。そこで、両国は民団と総連にそれぞれ日本国内における合法・違法な経済活動を繰り広げる指示を出したのです。
その中で、共産党や社会党だけでなく自民のＨとかＮなどといった政治家にも強烈なアプローチを仕掛けて南北朝鮮信組に日本の血税を注ぎ込んだのです。それも、ほぼ全会一致で。ちなみに、ここに出ている朝銀信用組合だけでいくらの公的資金が使われたかご存知でしょうか？

その額、１兆円以上。

日本がバブル崩壊の苦しい中、南朝鮮だけでなく北朝鮮経済も助けてくれたのです。
ちなみに、この１兆円は返金されていません。

さて、そんな中、総連と民団は互いに交流を深める事になりました。祖国救済のために反目し合うのは互いにマイナスだからですね。それがあるから、拉致表明後に多くの総連側の人間が南朝鮮国籍を得て、民団側の人間と表向きはなったのです。

金田がサラッと書いているので、何とも思わない若い同胞も多いと思うけど、現在、脱北してきた北朝鮮籍の人が南朝鮮国籍を得るのにどれだけ大変だか知っていますか？　例えば、ある脱北少年は国籍判定に1年半もの期間がかかっています。

さて、総連側の人がどれだけの期間で南朝鮮籍を得られたか。きっとあなた方の周辺にも多いと思うけど、驚くほど短期間で手続きは完了しているでしょう。不思議ですね。

組織上は民団と総連に分かれていますが、現在は多くの部分で対日共闘を行っているのには、こういった背景があり、それだからこそ北朝鮮の意向で製作された反日映画『鬼郷』は問題なく南朝鮮で上映される事になったのです。

総連の見かけ上の衰退はそれだけ南朝鮮における親北が深化した表れでもあるのです。


（総連の衰退は親北の深化でもある　2016・3・26）

表向きは南朝鮮、実際は北朝鮮のために活動する民団

◆北朝鮮レストラン従業員　また脱北か＝韓国当局「確認中」（２０１６・５・23　朝鮮日報）

【ソウル聯合ニュース】北朝鮮の事情に詳しい消息筋は23日、北朝鮮が中国で運営するレストランの複数の従業員が脱北し、東南アジアで韓国行きを待っていると伝えた。

◆韓国入りした脱北者数　増加に転じる＝1～3月17％増（２０１６・４・12　朝鮮日報）

韓国にやって来た脱北者は２００９年に２９１４人まで増えた。しかし、金正恩第１書記が中朝国境地帯の監視を強化し始めると、２０１１年に２７０６人、２０１２年には１５０２人に急減。その後も減り続け、２０１５年は１２７６人となった。

経済情報誌（朝鮮日報）の日本語版は１週間を過ぎると有料会員しか閲覧できないようになっていますが、幾つかのカテゴリーはその縛りがありません。その一つが〝脱北者〟関連。上記の記事は40日以上経過していても閲覧できていたりします（２０１６年

5月24日現在）。
これには「北朝鮮よりも南朝鮮の方が良い国ですよ！」という在日同胞に対するプロパガンダの意味合いがあるからです。ですが、総連の弱体化を見れば、もうこういった活動は必要なさそうに思いますが、裏側では違った姿を見せてくれます。

民団は総連に飲み込まれつつあります。

民団の会員数は総連を凌駕していますが、実際の活動は総連、というより北朝鮮を意識したものが多いんですね。年間10億円弱もの支援を南朝鮮政府から受け取っているというのに。例えば、在日米軍基地に関する反日同胞の動きは完全に北朝鮮の意向を汲んだ動きです。

一般には

・日米同盟の破綻

というものを最終目的として相対的に米韓関係を改善しようとするものと解されていると思いますが、日本からの米軍撤退を喜ぶのは、中国と北朝鮮くらいなものです。ですから民団は表立っては南朝鮮のために、実際は北朝鮮のために活動を行っています。

民団は戦後、医師や弁護士など、いわゆる「士業」を推奨していましたが、これに対して総連はギャンブル関連に食い込んでいきました。そうなると裏金は総連の意向を汲んだ方がお金が得られるのです。私たちにとってお金は正義ですから、どちらの国が隆盛を誇るかは関係なく、どちらについたら利益を得られるかという考えから民団の方針は北朝鮮寄りになっているのです。

ですが、これらはあくまで上層部に限っての話。末端会員に対してはプロパガンダを続けなければいけないのです。ですが、実際には南朝鮮は北朝鮮よりも過酷な状況なのかも知れません。それは国籍離脱者の数が南朝鮮の場合非常に多いからですね。

脱北者の最終目的地は南朝鮮です。ですから上記記事から推定すると北朝鮮の脱北者数は推定で年間２０００人程度でしょう。ところが南朝鮮における国籍離脱者から国籍取得者を引いた人数は３０００人。北朝鮮を抜け出す人数よりも南朝鮮から逃げ出す人の方が多いのです。

脱北者は減少傾向にある。ですが、南朝鮮の国籍離脱者は増加傾向にある。これを考えると最終的に飲み込まれるのは南朝鮮側になると考えられます。

ただし、国として北朝鮮が南朝鮮を飲み込むのではなく、南朝鮮の皮を被った北朝鮮が形式上、北朝鮮を飲み込む形になるでしょうが。

（脱北者よりも脱南者の方が多いんですよ　2016・5・24）

―民団の存在意義はもはやありません。所属していなくても生きていけますが、あまりハングルに詳しくない在日朝鮮人の代わりに南朝鮮の戸籍を取り寄せてくれるなど、何かの時にだけ役に立つこともあります。

月会費は支部によっても異なりますが1000～3000円程度が多いですね。毎月きちんと支払っている人もいますが、全然支払っていない人も少なくありません。ただし、NHKのようにヤクザばりの取り立てはありません。

こんな緩い団体なので、いつのまにか従北に傾いても誰も危機感を覚えず、離反する人が増えているのです。それなので50万と言われる会員数ですがかなりの数が幽霊会員となっています。

在日の土地購入歴を洗い出し不適切取得を無効にせよ

◆韓国にある日本人名義の土地、韓国政府の取り戻しが本格化（2015・8・13　朝鮮日報）

日本による植民地時代以降、不当な形で私有地にされた日本人名義の土地について、韓国政府による取り戻し作業が本格的に進められる。

調達庁は12日、韓国にある日本人名義の土地のうち、植民地時代以降に不当な形で私有地にされたと推定される土地が1万479筆に達すると発表した。

これは植民地時代以降、日本人名義から韓国人名義に変更された土地と、「親日反民族行為者財産調査委員会」が作成した植民地時代の朝鮮在住日本人のリストを見比べて調査したことで得たデータだ。

調達庁はこのうち、1000筆を優先的に調査した結果、44筆が日本人の隠し財産と推定され、今後取り戻し作業を行うこととした。

問題の土地の所有者たちは「植民地時代に創氏改名しただけで、実際には直系尊属（親や祖父母など）の土地や、国税庁から分配された土地だ」と主張したが、登記簿の確認が不可能だったり、国税庁の土地分配記録がなかったりしたことが分かった。
調達庁は今回調査した1000筆のほか、残る9479筆についても調査を続ける方針で、取り戻しの対象はさらに増えるとみられる。
同庁のキム・ジョンウン電子調達局長は「調達庁は今後も、不当な形で私有地にされた日本人名義の隠し財産を調査し、国の手で取り戻す方針だ」と話した。

現在、南朝鮮は日本人名義の土地がおよそ53万筆あります。

この多くは終戦後、適正に日本人が取得したものですが、中には、戦前、日本人が適正に取得したものも多数含まれています。ただ共同宣言において、日本が朝鮮半島に残した終戦前に取得した土地や財産などを放棄するということになったのです。
そして、戦前、日本人が適正に購入した土地に関して、軍政法令第33号（1945年8月9日！↑日付に注目）と帰属財産処理法（1949年12月19日）、に基づいて国庫返還手続きが行われています。

で、どうして70年も経っているのに、その処理が終わっていないかというと、私たちが戦後、土地を不法占拠したのと同じことを南朝鮮国内でも行っていたんですね。その不正占拠した土地が1万4779筆もあるというのがこのニュースの伝えたいことのハズなんですが、全体的なイメージとしては、日本人が悪巧みを以ってして、南朝鮮の土地を不法に占有しているかのようなイメージを与えようとしているんですね。

この不正には日本人は僅かにも加担しておらず、完全に南朝鮮人が単独で行っている犯罪にもかかわらずです。

なぜ、ここにワザワザ日本人を持ち出したかというと、それは、土地を強制的に収奪する南朝鮮のイメージを良くするという目的があるからなんですね。

実際に収奪を受けるのは南朝鮮同胞です。ですが、その土地を収奪する上で、同胞が同胞の土地を収奪するよりも、同胞が日本人の土地を収奪、という形にした方が、国民の理解を得られますから。こんなフザケタ理由で日本人を悪者にした記事が垂れ流されたということです。

ちなみに軍政法令第33号は日付からも分かる通り、終戦前に発効しているんですね。まだ、日本人であったにもかかわらず、軍隊を使い日本人から財産を略奪した史料です。

私はこれを知った時に全身から汗が噴き出し、民団などが宣伝する捏造歴史が本当に捏造だったことを完全に理解しました。

民団他、朝鮮人団体はこれについてどう答えるのか。私たちが朝鮮半島でやった日本人に対する略奪は史実だったのですよ。

（朝鮮半島では〝終戦直前〟から日本人の財産を略奪していた　2015・8・13）

―戦前から終戦にかけて日本の一等地を広く購入できるような朝鮮人は皆無でした。ところが、日本全国で駅前一等地の多くを在日朝鮮人が所有しているこの矛盾を適切に答えられる地主はほぼおりません。

それに対して日本が朝鮮半島に持っていた土地は全て適切な手続きで購入したものでした。日本も私たち在日朝鮮人が持つ土地の購入歴を洗って不適切な取得は無効にするぐらいすべきでしょう。

第4章　在日と南朝鮮に壊される日本

南朝鮮での反日よりも日本での反日の方がタチが悪い

◆「嫌韓嫌中の日本、排外主義のイスラエルに酷似」（2014・12・14 朝鮮日報）

【新刊】田浪亜央江著、ソン・テウク訳『イスラエルには誰が暮らしているのか』（玄岩社）

韓国人は、ユダヤ人と韓民族を好んで比較するが、実は日本も同じだったようだ。日本人とユダヤ人は共通の先祖を持つ兄弟だという「日ユ同祖論」が、周期的に流行したという。ぞっとするのは、その背後にある論理だ。両国は、アジアにありながらも例外的に西欧的価値観を受け入れ、周辺地域に対して「抑圧的存在」になってきた—というのが著者の批判的視点だ。イスラエルにとってパレスチナが「周辺地域」だったとするなら、日本にとっては韓国がそうだった。

成蹊（せいけい）大学アジア太平洋研究センターの主任研究員を務める著者は、シリアとイスラエルで留学生活を送ったという、ユニークな経歴の持ち主。イスラエルの宗教やキブツ（集団農場）などについて現場ルポ形式で記述した本書で、著者の立場はイスラエル寄りではなくむしろパレスチナ人寄りだ。「イスラエルは軍事力を通して地域社会と敵対し、周囲との関係を自ら遮断したまま孤立している」という。

本書で最も驚かされる記述は、韓国語版の序文にある。著者は「イスラエルで排外が深刻になり、非ユダヤ人が暮らしにくい社会になっているように、中国人や韓国人に対する嫌悪発言が力を得ている日本も、その傾向は同じ」と記し「イスラエルのパレスチナ人社会を観察するたびに、日本が在日韓国人に対して行ってきたことを意識せざるを得ない」と告白した。このように率直な告白をあまり聞けないのが、日本の真の悲劇なのだ。３７２ページ、１万８０００ウォン（約１８８０円）。


10月からツイッターというものを始めました。

色んな方からＤＭ（ダイレクトメッセージ）を頂くのですが、よく頂く内容に「在日らしくない」というものがあります。

それと「在日でもこんな考えの方がいるんですね」というものも。

私自身、在日として祖国、というものを感じて生活していた時期がありました。ですから、ブログにも書きましたがソウルの大学を卒業しましたし、兵役も終えています。

恐らく、在日朝鮮人の中でも、かなり祖国を意識した青春時代を送っていたと思います。

ですが、その中で感じたことは、私は〝韓国人とは同じになれない〟という思いが強くなっていくことです。学べば学ぶほど、接すれば接するほど、私と彼らは違う。同じ民族にもかかわらず、私が祖国に近づくほど、その距離は遠くなっていくのです。

正直、兵役は最悪でした。ハングルの読み書きはまぁ、そこそこできますが発音がやっぱりおかしいんですよね。これは未だに変わることなく、おかしい、という自覚があるくらいです。その上、在日で兵役に、という人はほとんどいませんでしたから、「戦争時に逃げた卑怯者の子供」という見られ方をして虐めの対象でしたしね。

彼らは、自分たちが反日だという意識は全くなく、ソウルで「日本人を殺せ！」というデモがあっても、これは反日でもヘイトスピーチでもないと本気で思っています。そう、根っこの部分から反日なんですよね。だから、在日に対しても厳しい態度を取るのだと気づいたのです。


私は、日本に住んで相当長いのですが、今まで虐めや偏見、差別、といったものとは全く無縁です。息子の妻となってくれた日本人のお嬢さんの家族ともよく食事をするのですが、本当に旧知の仲のように接してくれますし、そのお嬢さんも孫を連れて遊びに来てくれます。

私の在日友人の多くもそうですが、反日から遠い人ほど、虐めなどに遭っていません。こんなのは当たり前ですが、日本人は血ではなく、態度や考え方、行動から判断しているのです。そう。反日だから嫌われるのです。同胞の人は感謝すべきですよ。日本は嫌うだけですから。普通はアメリカやオーストラリア、フィリピンなどの国のように襲撃されますから。

私は「日本人が大切にするものを大切に」と教えられ、自分の子にもそのように教えてきました。だから、日本では差別を受けずに、祖国で差別されたのでしょうね。だからこそ、多くの日本人が思う「在日」っぽくないのかもしれません。そして、血で繋がっているからこそ、今の南朝鮮のおかしさを正したいと思うのです。大それた願いは持ちません。先ずは親戚から。本当の日韓の歴史を知って欲しいと思うのです。

（在日だから嫌われるのではない。反日だから嫌われる　2014・12・14）

―私たちにとって反日はブースターです。ただ、南朝鮮における反日と日本における反日は少し趣旨が異なるのですね。南朝鮮における反日は政権維持や国民の不満を逸らせるために行います。

また、従北の一環として行ったりもします。慰安婦や徴用問題がこれに該当します。日本における反日はほぼ従北関係。北朝鮮における拉致問題が露呈するまでは主に総連関係が行っていましたが、現在では沖縄基地問題や待機児童問題では民団内の北朝鮮シンパ系から動員指示が出ます。それ故に、日本で行われる反日は南朝鮮内の反日よりもタチが悪いと言えるのです。

反日教育が自らの首を絞め始めた南朝鮮

◆韓国社会を揺るがす大規模デモ、20年間で5倍増（2015・2・21 朝鮮日報）

1990年以降の926件を分析、未解決紛争も増加傾向

1990年代の平均614日継続、2000年代は672日に

市民団体介入で長期化、デモ期間さらに401日長引く

昨年はセウォル号事故で自粛も今年は大幅増加の可能性

1992年の九里送電塔と2015年の密陽送電塔の違いは決して偶然ではないことがあらてめて確認された。1990年以降、韓国社会ではあらゆる分野で大規模デモ（500人以上の参加者が1週間以上行うデモ）が増加、解決までの期間が長引いてい

るだけでなく、未解決のまま残る「デモ共和国」となっているとの研究結果が発表されたのだ。

檀国大学紛争解決研究センターは今月10日、「過去25年間にわたり韓国社会の主な大規模デモ事例926件を分析した結果、大規模デモ件数は毎年2件ずつ増加、解決までにかかる時間は毎年10日のペースで延びており、長引いていることが分かった」と明らかにした。1993年の1年間に13件起こった大規模デモは、2012年には61件に増えた。分析対象は1990年4月の全国タクシー労働組合団体交渉から2014年10月のセウォル号特別法デモまでで、500人以上が1週間以上デモをするなど、問題が外部に明らかになったケースだ。

デモが続いた期間は1990年代は平均614日だったが、2000年代には672日に増えている。

ここにも民族の違いがよく表れていますね。

私が学生時代、日本と南朝鮮の民族の違いを感じさせたのは〝執念深い〟ということです。何となく日本人の友人と民族学校に通っている友人とでは違う事は分かってはいましたが、やはり実際に住み始めて濃密な人間関係を築く辺りから、実感として分かるようになりました。

執念深い。ネチっこい。

これは反日教育の〝タマモノ〟だと思うんですが、やはり「この恨み、忘れるな」を小さい時から叩き込みますからね。それが、いつまで経っても根に持つような性格を醸造する。これは傾向としてもそうで、日本の学校に通っていた同胞と民族学校に通っていた同胞では執念深さが違うように感じるんですね。

で、それがデモにも繋がるんですよ。

日本で500人以上が1週間以上続けているようなデモってありましたっけ？

南朝鮮、中国ではよく聞きますよね。アジアで見るとタイでもありましたがチョット特殊なケース。長期デモが頻発する国って特定アジアと呼ばれる反日国家限定のように思うんですね。そう、反日思想が国を蝕み始めている事を教えてくれるのです。


そして、未解決紛争の増加。

これは本来なら要求することのできない権利や、状況的に無理な要求を突き付けるデモが増えたから。昨年あった現代重工業の労働争議なんかはその最たるもの。会社が傾こうが自分たちの給与が上がれば良い、と考えているんですね。これは、日本の政治家も悪いのですが、対日外交において次々と本来得られないはずのものが日本からもたらされました。W杯共催とかね。そういった無理を通す交渉が国民にも浸透してきているんですよ。

２０１２年には61件ということですから、１日最低３万５００人もの人が本来の就業などができなかった事になります。それが平均６７２日ですから最低でも累計だと２０４９万６０００人。そりゃあ、景気も悪くなりますよ。無理難題を吹っかけず、権利ばかり主張しないで義務を果たす。そうしたら、必ず、今よりも良い景気になるんですけどねぇ。

（反日教育が執念深さを生み、国を蝕む　２０１５・２・24）

――南朝鮮における反日教育は権力者に対するレジスタンス思想を植え付ける事にあります。「日帝（大日本帝国に由来）に対して、朝鮮人はどういった抵抗を行い自由を勝ち得たか」について幼少期から繰り返し、それが民族の団結と日本に対する優位性を植え付けるのですが、近年では、このレジスタンス思想は会社の経営陣や南朝鮮政府に向けられるようになってきました。それが文在寅《ムン・ジェイン》政権の誕生や労働争議に繋がるのです。

在日の反日デモは誰にメッセージを送っているのか？

◆「朝鮮人の先生はろくでなし」　度を越した日本の嫌韓ムード（2015・2・7　朝鮮日報）

「日本で生まれ育った子どもたちが『怖い』と言い、韓国に帰ろうとせかしている。学校でからかわれ、インターネットでは悪口を目にする。最悪の嫌韓ムードにはこれ以上耐えられない」

日本で自民党とともに連立政権を組む公明党の国会議員たちが今月6日、ヘイトスピーチ（人種・民族差別的な憎悪表現）による被害の実態を調査するため、東京のコリアン・タウン、新大久保を訪れた。同党の「ヘイトスピーチ問題対策プロジェクトチーム」に所属する遠山清彦衆議院議員、高木美智代衆議院議員、国重徹衆議院議員らは、在日本大韓民国民団（民団）の関係者や韓国料理店の経営者たちと面談し、当事者たちの証言を聞いた。

公明党のプロジェクトチームで座長を務める遠山議員は「ヘイトスピーチを絶対に容認してはならないということは、政府はもとより与野党を問わず理解している事案だ」

と話した。だが、ヘイトスピーチを取り締まり処罰する法律の制定については「証拠の収集や違法性の立証方法、『表現の自由』の侵害をめぐる論議など、多くの障害があるため、容易ではない問題だ」と話した。

在日韓国・朝鮮人をターゲットにして行われている日本のヘイトスピーチは「在日特権を許さない市民の会（在特会）」が主導している。昨年、民主党など野党の議員たちがヘイトスピーチに対する制裁を行う「差別禁止法」の制定を目指したが、安倍晋三首相が衆議院を解散したため、審議に至らなかった。

私は長い間日本に住んでいますが、「ヘイトスピーチ（hate speech）」を見たことがありません。私の孫も学校でいじめに遭うこともなく楽しく通学しています。この記事は、本当に日本のことを書いているのでしょうか？

それよりも民団と総連の反日デモであれば見たことがあります。韓国でも沖縄の米軍基地反対デモニュースが流れていますが、それらの人々は韓国人です。

また、日本で起こるレイプ事件の多くが韓国人が犯人ですし、日本で起こる外国人犯罪の半分以上が韓国人と中国人によるものです。

「他人に迷惑をかけない」というのが、日本の美意識です。私たちも学ばなければならないと思います。というブーメランとして私たちに返って来るような記事です。とても簡易な表現で書いたのは、私たち在日同胞の文章の読解力が落ちてきているので、分かりやすい表現を用いたからです。

私も仕事で東京に行きますし、また、都内在住の同胞からも話を聞くのですが、東京ではそんなにデモが行われているのでしょうか？　私はデモを見たことが一度もないんですよ。

先日、日本の方がＩＳＩＬ（イスラム国）によって殺された際に官邸前で行われたデモに、同胞も多く参加したことは話に聞いています。酷かったと。

なぜ、このデモに同胞が多く参加したかはここでは触れませんが、私たちが日本の平安をかき乱していることは事実です。日本の事は日本人が考えます。その方が全てうまくいきます。こういった記事を読む度に、私は「記事を捏造するな！」と心が暗黒モードになってしまうのです。

（嫌韓デモ　私は見たことがない　２０１５・２・７）

―私たちが反日デモを行う時は、どこに向かって行うのかというと、北朝鮮、そして、主に英語圏の国に向かってメッセージを送ることを意図しています。ですから、沖縄基地問題でもハングルを目にすることは珍しくありませんし、朝鮮各社の英語版でも頻繁に取り上げているのです。なぜだか、日本の朝日新聞も朝鮮各紙の論調とほぼ同じ、という不思議な現象が発生します。

話は逸れましたが、私たちが行うデモは「ジャパン・ディスカウント」が目的であり、間違っても沖縄の人のためだとか待機児童問題を解決しようというものではないのです。実際に、在日同胞に近い日本共産党や民進党は待機児童問題の解決には批判だけで代案を出さなかった事からも分かるでしょう。

日本人を選挙に無関心にさせたのは在日の戦略

金田は傍観の立場ですが、明日（２０１５年４月12日）は統一地方選挙ですね。選挙って投票率が低ければ低いほど組織票が強くなるって知っていますか？

それなので私は子供にも「選挙は必ず行くんだ」と言っていますし、部下や日本の友人にも必ず行くように勧めるんですね。

「選んではいけないNG候補」の見分け方5箇条（2015・4・10ポリタス）
・知事や市区町村長、国会議員、地元外の著名人との関係の深さをしきりにアピールする候補者
・自分の手柄話ばかりする人や逆に自分の意見を言わない候補者
・自分の地元や支持団体、支持者にばかり目を向けている候補者
・具体性に乏しく、スローガンやポエムのような公約を掲げている人はNG
・自分のビジュアルやイメージを常に意識し、それをアピールするような候補者

私がもう一つ加えるとしたら、現職に限りますが、
・議会ですぐに怒鳴る人
ハッキリ言って最悪です。ロクな仕事をせず、威張り散らす。南朝鮮では顕著ですが、民主党にもいるでしょう？　すぐ「ソーリ！　ソーーーーリーーーーーーー！」と言っていたの。確か「私は国家の枠をいかに崩壊させるかっていう役割の国会議員や」というテロリストを公言したかのような発言をした議員。こんな声の大きさだけの人は

選ばない方が国のためです。

どうして日本人は選挙に無関心になったのか分かりますか？

それは、私たち在日同胞の戦略なんですよ。

元々左巻きメディアは私たちの採用に積極的でしたし、同胞が昇進する上で反日報道を増やすようにしていった。政治家のクロさを強調する報道を続けて、政治に対する興味を削ぐという戦略も持っている。「スヒョン文書」は読んでいて滑稽ですが、趣旨は間違いなくその通り。組織票で南朝鮮寄り議員を増やす戦略です。

日本の皆さん、お友達にも声をかけて投票率を上げていってください。

地方選挙の方が左巻き議員の当選率が高いって知っていますか？　札幌なんかは左巻きで過半数ですからね。地方を日本の手に取り戻すために、一人でも多くの方が日本の将来のために投票に向かって欲しいのです。


（明日は統一地方選挙ですね　2015・4・11）

―1％の法則というものが私たちにはあります。人口における私たちの占める割合が1％を超えると政治的に圧力をかけて私たちに都合の良い政策を通そうとします。そのためにはお金や票をまとめる事もしますし、世界に誇る性売春組織を使った接待やハニートラップなど使えるものは全て使い、我を通すのです。

アメリカにおける慰安婦像問題が起こっている地域は全て私たちが1%以上住んでいる地域。そう考えると、日本は多くの1%を超える地域がありますから、地域行政は在日同胞に優しく生活保護を支給してくれるのです。こういった内政干渉をなくすためには、日本人一人一人がしっかりと投票を行う必要があるのですが…。

なぜ沖縄問題に在日や南朝鮮活動家が関与するのか

◆日本の中のもう一つの王国、沖縄（2015・6・27 Chosun.com）

沖縄の肌は、日本ではない

沖縄は一時期、琉球王国と呼ばれていた。文字通り王国であった。日本の最南端に位置し、日本と中国、東南アジアとの交易が便利な地理的条件のおかげで、450年間独立国家としての地位を守ってきた。それぞれの国から新しい文物を持ってきて独特の文化を作り出したりもした琉球王国は日本の継続的な侵略によって、結局、1897年に強制的に統合されることとなり、現在、沖縄として存在する。

日本に統合されはしたが、日本と言えなかった沖縄の痛みは、1945年の太平洋戦争を経てもっと確かなものになった。太平洋戦争当時、沖縄に軍司令部を置いた日本軍は集中的に米軍の攻撃を受けることとなり、当時12万人もの沖縄住民たちが死ぬこととなった。幾多の琉球王国の文物はもちろん通りも家も何もかも皆、灰燼と化した。

琉球王国が地図から消えて130年。しかし、まだ沖縄では「琉球」という名前をあちこちで見つけることができる。バス会社や商店の名前など、まだ沖縄の人々にとって「琉球」は親しみのあるかけがえのない名前なのだ。

このところ、特にお嬢様（朴槿恵元大統領）になってから沖縄に関する記事が増えてきたように思います。

特に、こういった民族主義に訴えるような記事は確実に増えているんですね。「私たち朝鮮民族同様に植民地化され、未だに独立できていない国」という考えを、南朝鮮同胞に植え付けようとしているのです。

戦後、沖縄はアメリカに統治されていましたが、本土復帰への想いは非常に強かったのです。１９６０年には本土復帰のための団体として「沖縄県祖国復帰協議会」を作り、当時の〝社会党〟や〝共産党〟が中心となって本土復帰運動を展開していったんですね。

現在も、米軍基地に対する莫大な借地料が手に入ることや、また、自治体が受け取れる補助金などにより、本当に米軍に出て行って欲しいという人は、プロ市民と、反日同胞と、なぜだか社会党や共産党なのです。


私も沖縄が好きで、よく行きます。年に1回は行きますよ。石垣のとぅばらーま大会を見に行ったり、竹富の種子取《タナドゥイ》祭なんかも良かったですね。竹富は周遊道路ができてからちょっと変わってしまったけど、本当に良いところです。そう、本島でも先島でも、反米軍運動は苦々しく見ている人が多いんですよ。

そして、そこで運動している連中に知っている顔を見る度に、日本に対してお詫びの気持ちが強くなってしまいます。

ただ、常に悪口を言い続ける人がいたら、それを聞いている人も徐々に染まっていきます。そして、これら反米軍運動は、クーデター的要素を強く持ち合わせているので、公安がこれらの団体の活動を制限してもいいレベルになっていると思うのです。

彼らは破壊活動防止法で取り締まって欲しいくらいで、特に、普通に生きる在日同胞にとっては、彼らは正直目障り。是非とも、ああいった反日活動家の在留資格は取り消して、南朝鮮に送って欲しいです。そして、二度と日本の地を踏ませないで欲しい。

私の知る沖縄の人たちは本土復帰ができて良かった、独立運動なんて県外のバカのすることだ、と言います。

反日同胞の人は内乱を起こして楽しいかもしれませんが、99・99％の人は穏やかな日々を願っているのです。それをぶち壊す、あなた方は本当、出て行って欲しい。

（沖縄分断を先導しているのはやはり韓国　２０１５・６・28）

―ご存知の方も多いと思いますが、沖縄問題には反日同胞や南朝鮮の活動家が多数関与しています。なぜ、私たちが沖縄問題に関与しているかというと、第一にアメリカ軍には日本から出て行ってもらいたいから。これは、北朝鮮政権の安寧のための最重要案件だからですね。

次に、ディスカウントジャパンのため。国力の低下は一部の有力在日朝鮮人にとっては都合が良い事だからです。他にも色々ありますが、沖縄問題の拡大は沖縄県民にとって利益は全くなく、「朝鮮人の朝鮮人による朝鮮人のための沖縄問題」と言えるのです。

在日が画策する日本人間に差別を生む土壌づくり

◆駐日韓国大使「韓日関係が悪化すれば在日同胞60万人が苦しむ」（2015・8・20 朝鮮日報）

柳興洙（ユ・フンス）駐日大使（78）が、今月25日に着任から1年を迎えるのを前に記者たちと面会した。柳大使は「初めて任命されたとき、（高齢の）私に対して『健康面で問題ないのか』と心配する声が半分、好奇心が半分だったが、この1年を振り返ると、欠勤や早退をしたことはなく、会うべき人に会えなかったということもなく、よかったと思っている」と述べた。

柳大使は元国会議員（当選4回）だ。慶尚南道陜川郡で生まれ、3歳のときに日本に渡り、小学校6年生のとき帰国した。内務部（省に相当）治安本部長や忠清南道知事を経て政界入りし、2004年に引退した後、昨年駐日大使に任命され表舞台にカムバックした。柳大使は「韓日議員連盟で長い間活動したため、着任後すぐに会える日本の政治家が多くいた。両国の関係はまだ回復していないが、韓国の全国経済人連合会（全経連）と日本経済団体連合会（経団連）が7年ぶりに会合を行うなど、数年ぶりに交流が再開されたケースが幾つもある」と語った。その上で柳大使は「両国の首脳会談についても、年内にはよい結果が出ると思う」と述べた。

今月14日、日本の安倍晋三首相が発表した戦後70年談話（安倍談話）について柳大使は「誰が誰に対し、どんな過ちを犯したのか、あいまいな表現をするなど、1本1本の木を見れば批判すべき点も多いが、森を見れば、日本政府もそれなりに努力してきたと思う」と述べた。安倍首相が日本の首相として初めて、談話の中で間接的とはいえ、旧日本軍の慰安婦の苦痛に言及した点、記者会見の際に「（村山談話など）歴代内閣の歴史認識を引き継ぐとの立場に変わりはない」と述べた点を、その根拠に挙げた。

柳大使は「安倍首相の歴史認識に根本的な変化がないのは残念だが、この程度であれば（安倍首相の従来の姿勢に比べ）多少変化した姿勢を示そうと努力したのではないかと思う」と語った。

柳大使は「韓日両国は隣接しているため、慰安婦問題が解決したとしても、別の問題が生じる状況にある。指導者だけでなく、国民も『相手は数千年にわたって共に歩まなければならない国なのだから、問題を克服していくべきだ。何か問題が生じるたびに争うわけにはいかない』という認識を持つべきだ」と述べた。その上で「両国関係が悪化すれば、在日同胞60万人が苦しむということも見過ごしてはならない」と付け加えた。

米韓関係は日韓関係に比べて険悪な状況でしょうか。

いえ、米韓関係は日韓関係に比べると良好だと思うんですね。ところが、アメリカでの私たち同胞は非常に強い差別に曝されています。暴動があれば真っ先に狙われるのは南朝鮮系のショップですし。

どうしてこんな差別に苦しむことになったのか、理由は簡単ですよ。一つはコスずるい手法で他民族が持っていた生活基盤を奪ったこと。他民族を蔑み劣悪な条件で働かせていること。そして、政治に介入して利益を得ようとしていること。これらによって私たちはアメリカ国民から嫌われたのです。

日本の嫌韓や反韓もそうですね。

恐らく、今の時代、フツーに生きる在日同胞は差別に遭っていないと思います。私の知る範囲で、差別された経験がある若い同胞に会ったことがないですし。彼らは日本人の良い友人を持ち、進学し、就職し、恋愛をしています。南朝鮮の同じ世代の若者より相当恵まれた生活を送っていると思うんですね。

ですが、今以上にプロ市民と称して活動を続けたり、反日行動を起こしたり、日本の内政に無理くり首をツッコミ、特権を得ようとするなら、日本もアメリカのようになるでしょう。私たちは退場を余儀なくされるかも知れません。在日は在日であり、国民ではないことを肝に銘じておくべきです。

金田としては、今の反日教育を行っている現状なら、両国間は最悪な状況が続いた方がよく、南朝鮮人の就職は全て禁止にした方が良いと思っています。

知っていますか？　どうして朝鮮人の若者の就職が日本で増えているかを。それは在日同胞が入り込んだ会社で在日が地位を確立してきたからです。日本企業なのに日本人の雇用機会を奪い、それを南朝鮮人に分配しているんですね。

金田がいる会社は朝鮮人の若者は非常に少ないですね。というよりほぼいない。こう書くと会社が特定されそうですけど（笑）。

で、なぜ朝鮮人の採用がないかというと金田が元気だから。日本の若者を育て、日本の未来のために働いてもらいたいと常に直訴するからです。人事は採用したくても現場から要らないと言われれば採用されませんから。

在日朝鮮人に浸食されているのは、ＴＢＳやＮＨＫだけじゃないんです。そうやって日本企業を侵食していくと、近いうちに私たちは本当の意味での差別の対象になるでしょう。

（日韓関係はあまり関係なく、反日を行えば立場は悪くなるだけなんですよ　２０１５・８・21）

―このエントリーで就職に関して少し触れました。日本の求人広告は性別や年代に関する表記は非常に厳しくなっています。これは、雇用対策法の改正が行われた当時、こういった「求人差別」が行われるのは良くない、ということで決められたものですが、この内容、実は私たち側からの要望で生まれたものでした。何せ、外国籍雇用に関しても促進する形となり、結果として、日本語に堪能な私たち在日は日本企業への浸透が更に進む形となったのです。

某政党が耳当たりの良い政策を言い始めたら、その裏には大抵私たちからの要望がある、と思っても良いでしょう。それが、日本人による日本人差別を生む土壌づくりとなるのです。

アジア諸国の中で中韓だけが反日を貫くのはなぜ？

◆結婚式前日に27歳花嫁逮捕、式場にドレス姿で現れたのは…（2015・10・3 朝鮮日報）

女は今年3月に警察に検挙され、結婚式の前日に逮捕された。女と結婚相手の男性の家族は警察に対し「結婚式だけでも挙げさせてほしい」と要請したが、受け入れられなかった。周囲に恥をさらすことを心配した両家は、拘置所に収監されている女の代わりに、その姉にウエディングドレスを着せ、結婚式場に立たせた。結局、女と結婚相手の男性は最近、婚姻関係を解消したという。

金田が初めて南朝鮮に渡った時、同じ民族でも随分と戸惑った記憶があります。怒りの沸点が低いことと怒りのポイントが日本人とかなり違うことです。いえ、この怒りのポイントはアメリカ人や中国人、ヨーロッパの色んな国と日本はかなり似通っていますが、南朝鮮だけは独特なんですね。

そんな違いが良く分かるのがこの記事です。

私たちにとっては罪人は悪です。まぁ、ばれなきゃ悪ではなく善だったりするので、この辺りはファジーなんですが、起訴され、逮捕されるような人物は罪人ですから、身内として受け入れる事は避けるべき花嫁なんですね。

ところが、「罪」を凌駕する概念があるんですね。それが「恥」。恥をかくなら罪には目を瞑るというのが南朝鮮同胞なんですね。結婚式を挙げずにいるのと、罪人を花嫁に迎えるのでは、結婚式を挙げない恥が上回るから、こんな仰天ニュースが流れるワケです。

これと同じ概念が慰安婦など戦後問題の根底にも流れているんですね。どうして中韓の慰安婦だけが賠償も終わった話を蒸し返して騒ぎ立てるのか。どうして、アジア諸国の中で中韓だけが反日を貫くのか。それは恥を感じるポイントの違いと、恥と罪の逆転が起きているからです。

本来、恥の上に罪があります。だからこそ、恥を忍んで、という言葉を日本だけでなく多くの国でも言うワケです。もちろん、南朝鮮でも言います。

国同士の約束をして謝罪とお金を受け取った。本来、ここで再度のお金の要求は罪でもあり、恥でもあるんですが、もっともらえるはずのお金を受け取れない方が恥ずかしい、と考えるんですね。だからこそ示談後の再請求もさらっとやってのけるんです。
そう、恥のポイントを変える要素はお金、ですね。他には衆目、というのもあります。慰安婦問題は多くの人に知られている、そして、お金が絡んでいるから、どんなにオカシイと思われようが、彼女らは死ぬまで持論を突き進むワケです。

（恥、の概念が全く違う日本と韓国　２０１５・10・３）

南朝鮮の異常な反日行動は在日が是正すべき

◆〈インタビュー〉民団団長２人　在日コリアンへの民族教育不足に焦燥感（2015・10・9 朝鮮日報）

在日コリアンを代表する民団中央本部の団長、そして韓国人が最も多く暮らす大阪エリアの団長であるがゆえに在日コリアン社会を誰よりもよく知る二人は、日本で生きていく上での苦労話で口火を切った。

二人によると、日本は「単一民族主義に固執する社会」のため、在日コリアンは差別を受けまいと日本人よりももっと日本人らしく生きていかざるを得ない。民団は排他的、保守的な政治家や社会団体を説得したり、反対したりするよりも、多文化を受け入れ自由主義的な考えの人々との交流により力を入れている。「日本人は表向きは親しいふりをしていても、なかなか本心を見せません。私たちはここで生きていかねばならないため、彼らと友好的に過ごそうと努力しています」

二人は、両国があつれきを深めるほど間に挟まれた在日コリアンの立場は苦しくなるが、それでも両国の懸け橋としての役割を投げ出すことはできないとし、友好関係の構築に向けた取り組みを紹介した。

呉団長は、在日1～2世と違い日本で生まれ育つ次世代の子どもたちに対し、幼いころから民族意識を植え付け、アイデンティティーをはぐくむことで、国籍に関係なく韓民族として生きていく力を持たせることが大切だと説く。「これまで、帰化（日本国籍を取得）したり日本人と国際結婚したりすれば日本に同化してしまうと否定的にとらえられていましたが、アイデンティティーが確立していれば、むしろ日本国内に親韓派が増えることになりませんか？　だから民族教育の始まりである幼稚園を増やす必要があるのです」

日本人、金田です。

帰化を報告した際、本社社長から直々にお祝いまで頂きました。同期や部下などからも祝って頂き、もっと早く帰化すれば良かったと思った次第です。

在日として長く会社におりましたが、一度たりとも国籍で差別や区別を受けたことはありませんよ。この二人は「単一民族主義に固執する社会」と言いますが、日本と南朝鮮を比較したら、どちらの国の方が外資系の会社が多いか知っているんでしょうか。

単一民族主義に固執する社会は外国人労働者数も少なくなると考えられます。

日本で働く外国人労働者数は２０１４年10月末現在、７８万７６２７人。一方、南朝鮮の場合、２０１５年上半期で21万３９９人。人口比で考えたとしても日本の方がよほど外国人が多く働いていることが分かります。結果から言うと、南朝鮮の方が「単一民族主義に固執する社会」という事になりますね。

別にこんな統計を持ち出さなくても、普段の会話からも分かりますよ。日本の方は「日本人は優秀だからね！」なんて会話をすることはありませんが、南朝鮮では「ウリは優秀だ！」と声高に言いますよ。それも多くの場面で耳にします。

そして、日韓両国の軋轢《あつれき》を深めたのは、どの国が見ても南朝鮮です。ネズミ（李明博元大統領）から始まりお嬢様（朴槿恵元大統領）の反日そしてディスカウントジャパン外交が両国の溝を深めたのです。そりゃあ、普段から悪口を吹聴しているのだから疎ましく思われるのは当たり前じゃないですか。そんな、当たり前の人の心すら分からなくなっているのが、現在の民団の執行部なのです。

いいですか、民団執行部の諸君。

民族のアイデンティティーを育むというのは反日思想を増やす事ではなく、余計な軋轢を生む事ではありません。犯罪をさせないようにし、人に迷惑をかけずに、私たちのためではなく、「日本のため」にどうすれば良いかを、私たちの立場で行うことなんですよ。

本来、南朝鮮が行っている異常な行動を私たちが是正しなければいけない立場にあることを忘れてはいけない。それが、日本に住まわせてもらっている恩返しであり、正しいアイデンティティーを育む事なのです。

（日本国内で反日思想を強化せよ！と宣言　２０１５・10・９）

―民族思想を別な言葉で置き換えるとレジスタンス思想です。ただ、このレジスタンス思想は史実ではなく、あくまでも私たち朝鮮人にとって都合の良い作られた思想です。私たちのレジスタンス思想は日帝に対するものですが、歴史的には中国の属国として虐げられてきた期間が長く、そこから解放してくれたのが日本です。

レジスタンス思想の記念碑的建造物である「独立門」は、多くの朝鮮人は日本からの独立を祝ったものと考えていますが、これは中国からの独立を祝してのもの。

また、戦前・戦中も、私たちは挙《こぞ》って日本に出稼ぎ（これを私たちは「徴用」と言います）に来ていましたし、日本軍人になりたくて血判まで提出して自ら志願もしました。何より、敗戦時は日本から分離独立したくないという運動まであったのです。現代朝鮮人に植え付けられたレジスタンス思想は全くの嘘っぱちだったのですね。

反日の在日によるディスカウント・ジャパンの手口

◆大阪で嫌韓ムード拡大か　暴力事件も＝韓国総領事館が注意要請（2016・10・12朝鮮日報）

【東京聯合ニュース】大阪で韓国人など外国人観光客に大量のわさびを入れたすしを提供していた店が問題になったことに続き、南海電鉄の車掌が「多数の外国人が乗車し、ご不便をお掛けしております」というアナウンスを行ったほか、韓国人観光客の息子が日本人男性から路上で暴行を受けた事件もあったとされるなど、波紋が広がっている。

駐大阪韓国総領事館は11日、ホームページに大阪を訪れる観光客は安全に注意するよう呼びかける注意喚起を載せるなど、対策を講じている。

先ずは、ごめんねR君。金田は反日同胞のやり口は反吐《へど》がでるほど嫌いなんだよ。君たちはリアル金田を中立だと思っているようだけど、帰化したのだから金田は日本側の人間なの。君たちの話はこの記事に使わせてもらうね。悪いとは思っていないけど。

南朝鮮人観光客のマナーは悪過ぎます。これは今に始まったことではなく、例えば歩行喫煙やゴミ捨て、痰吐き、夜間の暴力やスリ、レイプ。ハッキリ言って酷いものがあります。

もちろん全員がこういった行為をする訳ではないのですが、だからといってそれ以外の人が迷惑をかけていないかというとそうではありません。南朝鮮人観光客がホテルのプールに来るとなぜだか水球が始まりますし、道路いっぱいに横に広がって歩いたり、大きな荷物を使って電車の座席に他の人が座れないようにするなど、一般マナーすらまともに理解していません。

だからと言って日本人が南朝鮮人と同じように私たちに犯罪返しをしてきたかというとそうではなかったのですね。それが今月に入ってから急激に〝大阪〟を舞台にして反韓運動が勃発でもしたかのような記事が続いている。これって、可笑しいと思いませんか？

この背景には訪日観光客数が訪南観光客数を超えているというものがあり、訪南観光客数の伸びの低迷からその対策の一つとしてディスカウント・ジャパンが行われているのです。

旅行先の中で南朝鮮人の一番人気、それは大阪です。大阪は元々、私たち在日が非常に多く、しかも料理の味がソウルなんかよりもはるかに美味しい。その上、近いということもあって手頃な旅先として選ばれるのですね。

今、南朝鮮は海外旅行ブームがあり、多くの南朝鮮人が大阪に向かっている。今年の8月までの訪日観光客数は328800人と全訪日観光客数の28・8％も占めています。このうち30％が関西空港を利用するのですから、どれだけ多くの南朝鮮人が大阪に向かうか分かってもらえると思います。そして、ここに焦点を当てて対策を行えば、日本旅行自体を減らせる、と考えているようです。

先に書きますと、大阪でも南朝鮮人観光客の不遜な態度に対して好ましく思っていない人は増えているとは思いますが、だからと言って暴力までは起こさない。まぁ、この暴力事件自体が捏造の可能性も否定しませんが、もし、これを起こしていたのなら、R君の話から私たち在日が行った可能性が高いと金田は思っています。

今、彼らは小さな事でもいいから反韓・嫌韓事例を集めています。なければ捏造をしたり、そういった行為を誘発させようとしています。

それを大げさにメディア展開しディスカウント・ジャパンを行おうとしているのです。

大阪、特に在日が多く住んでいる地域が少しきな臭くなっているのはこういった状況にあるからですね。正直、こういった捏造に反駁するのは多くの時間と労力、そして費用がかかります。まぁ、反日同胞にすれば一石二鳥どころか三鳥や四鳥にもなるんです。温厚な日本人もそろそろ腰を上げて私たちを国外追放へと向かう事になると思いますが、それは日本人が狭量になったのではなく、私たちが一方的に悪さをしてきたからなのです。日本に住まわせてもらっているのですから、日本のために働きましょうよ。ホント…。

（大阪でディスカウント・ジャパンが進行中！　２０１６・10・12）

いわゆる慰安婦らを偽者と呼んだ本物の慰安婦たち

◆【コラム】日本を愛したボーゲル教授の対日歴史批判（2015・5・9 朝鮮日報）

日本には、そんなボーゲル教授ですら一度も擁護しない一面がある。従軍慰安婦問題だ。ボーゲル教授は今月６日、日本のそうそうたる学者１８６人と共に、安倍晋三首相に向けて「従軍慰安婦の被害の事実を否定したり、取るに足らないとする行為は受け入れられない」という内容の共同声明を出した。学者たちは、安倍首相が今年8月に世界が納得できる「安倍談話」を出すことを訴えた。

ボーゲル教授はなぜ、この声明に賛同したのか。昨年ボーゲル教授が朝日新聞から受けたインタビューに、教授の所信が現れている。ボーゲル教授は当時「日本が慰安婦問題について自己を正当化しようとしたら、国際的評価は落ちるだけ」と語った。記者は「日本は既に何度も謝罪したではないか」と問い返した。ボーゲル教授の答えは明快だった。「日本人には『悪いのは軍部であって、国民は犠牲者だった』という認識がある。周辺国の国民にとって日本人は攻撃者だった、という認識が足りない」。ボーゲル教授はユダヤ人だ。

本日、南朝鮮では大統領選の投票が行われます。誰が当選しようとも、「最終的かつ不可逆的に解決」されたはずの慰安婦合意は修正もしくは破棄を言い出す事になるでしょう。この慰安婦問題、世界ではあまり知られていない事が多々あります。これを知ったら誰が日本に対して謝罪や賠償を言い出すのでしょうか。

先ず、現在明確に分かっていることを羅列しましょう。

・強制連行された慰安婦は存在しない
・20歳未満の慰安婦は全員、両親の承諾があった
・慰安婦は朝鮮人警部がいる警察署からの証明書発給がほとんど
・朝鮮半島における慰安婦の募集は朝鮮人業者が行っていた
・朝鮮人慰安婦を利用していたのは朝鮮人日本兵
・悪徳朝鮮人斡旋業者から朝鮮人女性を守っていたのは日本警察及び日本軍
・慰安所における慰安婦の健康などを配慮して検診などを行っていたのは日本軍

日本にはない史料もあります。特に警察署が発行した証明書は南朝鮮や中国にしかないでしょう。金田も全てを読み込んだ訳ではないので「ほとんど」と書きましたが、タブン、全てがそうかもしれません。これを読んで、慰安婦に謝罪を要求する人っているのかしら？

もう亡くなられてからしばらく経つので書いても良いと思いますが、韓国政府に登録

されてはいない日本軍慰安婦従事者を金田は数人知っています。彼女らはどの部隊か、駐留地はどこか、慰安所の名称など詳細を覚えており、それはほぼ史実通りのものだったのです。登録された慰安婦たちとここまで違うのか、と思わされるほどですね。

そして、非常に元気で、そして恨み言を口にせず、南朝鮮で立派な小料理屋を営んでいました。

彼女らは、いわゆる慰安婦らを「ニセモノ」と言って憚《はばか》らなかったのですね。それどころか、日本から来た金田にとても親切にしてくれて「日本の統治時代は良かった」と口をそろえて言うのです。

なぜなら、たった1~2年で郷里に家を建て、立派なお店を出せるようになるまで稼ぐことができた。当時の下位層の女性が中流に上り詰めるための、ほぼ、唯一の手段が慰安婦になる事だったからです。それ故に、彼女らは慰安婦登録しようとは考えずに、ニセモノとは距離を置くことにしたのだそうです。沖縄に居た慰安婦もそうですが、日本に対して謝罪なんか要求しないのですよ。本物は。

∨周辺国の国民

というものに朝鮮人は含まれません。日本に統治されたお陰で人になることができた。

自然豊かな環境も、インフラも、教育も、道徳心ももちろんお金も全て日本が与えてくれたのです。もうそろそろ統治時代を知る世代がいなくなってしまいますが、彼らは日本がしてくれた事を知っているからこそ、日本統治時代を「良かった」といって懐かしむのです。

で、慰安婦について。

ニセモノの言葉に惑わされてしまった人たちに、上記事実を突きつけ、これに対する反証を出してもらいたいですね。そして、日本に対して謝罪と賠償を要求するのなら、朝鮮人慰安婦を集めた業者や、利用してきた朝鮮人日本兵への処罰をすべきでしょう。慰安婦の子孫にまでお金を渡してきたのですから、業者や朝鮮人日本兵の子孫も処罰の対象となります。

さて、本日、当選する新大統領は、自らの膿を出し切る事ができるのか。それとも、日本にだけ当たり屋のごとく金を無心するのか。非常に興味深いですね。

（朝鮮人慰安婦に謝罪が必要のない理由　２０１７・５・９）

―史料が出てくれば出てくるほど、今言われている慰安婦に関するイメージのほとんどが作られたものである事が分かります。こういったイメージが定着してしまった理由は、私たちによる執拗なイメージ戦略もありますが、金田の年代の日本人の〝スマートさ〟を利用された面もあります。「こんな嘘っぱちにいちいち反応するのは格好悪い」というものですね。国際世論では反論しなければそれは肯定したものとみなされます。面倒に感じる事ですが、私たち側からの嘘にはどんな小さな事でも反論しなければいけないのです。

南朝鮮の「誠意」は金のこと

◆安倍晋三首相「韓国に誠意示してもらわねばならない」「合意実行するのが国の信用」（2017・1・8 産経ニュース）

安倍晋三首相は8日のNHKの番組で、韓国・釜山の日本総領事館前の慰安婦像設置について「韓国に誠意を示してもらわねばならない」と述べ、早期の撤去を求めた。

◆外交部、日本公使を呼び「慰安婦の問題性」促す（2011・9・1 OhMyNews）

ジョ・ビョンジェ外交通商部報道官は同日の定例ブリーフィングで、「ジョセヨウン外交部北東アジア局長が行くにせよ日本大使館総括公使を呼んで、憲法裁の決定を説明し（慰安婦問題に対する）日本側の積極的かつ誠意ある措置が必要であると伝えた」と明らかにした。

なぜ、慰安婦問題でここまでこじれるかについて、少し別な視点から解説してみたいと思います。

先日、コメントで「誠意」について書かれていた方がおりました。もちろん、私たちの辞典にも「誠意」という言葉はあります。ですが、いつものごとく意味が違うのですね。日本では『私利・私欲を離れて、正直に熱心に事にあたる心。まごころ。「誠意のこもった贈り物」「誠意を示す」「誠心誠意」』（デジタル大辞泉より）、という意味で「誠意」という言葉が用いられます。

それに対して南朝鮮ではどうかと言うと、向こうのwikiから「성의（誠意）」についてチョット引用を。

・誠意：丁寧な応対という意味を持つが、一般に「誠意を見せてください！」と言う時には、賄賂や寸志などを意味する場合が多い。

日本でもあらぬ人たちが「誠意を見せろや、ゴラァ！」と言いますが、実はアレ、私たち発祥の言葉。何せ、元々「誠意」は金を要求する時の言葉として使われていたのです。

ですから、2011年の外交部の「誠意」発言も日本に対して「金を出せ」という意味です。ですが、安倍首相の「誠意」は金品を要求したものではない。ですが、南朝鮮人は金品要求に聞こえる。だから「10億円返金」論争が高まってしまうのです。

安倍政権に一つ、注文を付けるとしたら、もう少し南朝鮮の言葉と日本の言葉の意味の違いを意識してくれると宜しいかと。この場合は「誠意」ではなく「誠実」が良かったと思います。

（「誠意」と「성의（誠意）」の違い　2017・1・16）

―日本と中国、そして南朝鮮。漢字圏の国では言葉の意味が他の国の言葉に比べて似ているものが多い特徴があります。ましてや、同じ漢字を使う単語であれば、同じ意味のように捉える人が多いと思いますが、実際は、細かなニュアンスで相当な違いがあります。

日南関係に関して言うなら、日本の外務省にはこの違いを用いて日本側に不利な翻訳をしているのではないか、と思われるケースが散見されます。こんな事まで気を回さなければいけない程、私たちの日本中枢への浸透は進んでいるという事なのです。

在日の日本文化破壊工作と「南朝鮮ディアスポラ」

◆4歳児に8カ国語、韓国で多言語の早期教育が盛んに（2017・1・8 朝鮮日報）

3-5歳の子どもを持つ韓国の母親の間で、子どもに複数の外国語を同時に教える「多言語教育」が流行している。専門の先生に教えてもらうのではなく、スペイン語やロシア語など幼児向けの言語教材を購入し、説明書やネットに載っている教育法を参考に母親がレッスンするのだ。こうした教材には簡単な単語やあいさつ、感情表現などの基本フレーズが各言語で載っており、ネイティブの発音が録音されたCDやDVDも付いている。

5年以上にわたり多言語学習法をPRしてきた教育者のチェ・ピギョル氏は「幼いうちにさまざまな言語に接することで、外国語の勉強に対する拒否感が低下し、外国人に緊張を感じることもなくなる」と話している。

一方で、幼児に複数の言語を教えることに特に効果はないとの反論もある。韓国・育児政策研究所が昨年、満5歳、小学校3年生、成人（大学生）の計74人を対象に中国語教育の効果を分析した結果、満5歳の教育効果が最も低いとの結果が出た。同研究所のキム・ウンヨン博士は「幼児への複数言語の教育が、ほかの年齢の人（への教育）に比べ特に高い効果があるとの俗説は、正しいとは言い難い。むしろ母国語能力の発達に害になる可能性もあるため、注意が必要だ」と指摘している。


「日本語だらけのビリヤード用語を韓国語に言い換えよう」が同じ日に記事として出ていましたが、こうやってその競技が南朝鮮に入ってきた経緯や歴史を無視して、「日本語由来」だからと言って長く慣れ親しんだ言葉を壊していくというのは、自国の言葉を壊す事に気がつかないのでしょうか？

バイリンガルでもマルチリンガルでも良いのですが、先ずは母言語がしっかりしていない状態で複数の言語を同時に習得させようとすると、どの言語も中途半端になると言われています。母言語で学習できる能力を養うには９～10歳までかかると言います。それ以前に、母言語以外の言葉を習得させようとしたら学習能力自体も獲得できなくなるでしょう。

そう言えば、日本の文化破壊工作、というのをご存知でしょうか？

仏像を壊す、というだけでなく、お正月の餅つきや除夜の鐘などもそうです。例えば、私たちがお寺に執拗に電話をして除夜の鐘をやめさせるというものです。壊しやすいものから日本というものを壊していくのが私たちの狙い。そうやって日本らしさを失わせて、日本という国の強さを失わせていくのです。

ところが、南朝鮮は母言語の教育を疎かにし、その上、今まで使ってきた単語も壊しているのです。私たちは私たち自身の手で南朝鮮という国を壊している。何をしたいのか正直、よく分かりません。言えることは、私たちは南朝鮮という国を捨て始めたということです。

その結果が南朝鮮ディアスポラであり、これは日本は関係なく、私たち自身が国を捨てた結果なのです。

（韓国語を捨て始めた韓国人　2017・1・8）

――ディアスポラ。これは本来、ユダヤ人がパレスチナ以外の地に〝追放〟された状態を指す言葉です。

戦前、私たちは安全と豊かな生活を求めて多くの人が日本に密入国しました。戦後も同様です。ですが、こういった事実に蓋をして「日本に強制連行された！　これはディアスポラだ！」と言い始めたのが南朝鮮ディアスポラ。ですが、現在、国外で生活する南朝鮮人は2016年末で743万人。日本には82万人と言いますから、9人に8人は日本以外ですから、私たちの言う南朝鮮ディアスポラ理論は破綻している事が分かります。で、この海外への逃亡を幼児期から準備している、というのがこの記事の趣旨であり、今後、南朝鮮を脱出する若者はどんどん増えていき、南朝鮮の空洞化が進んでいくだろうということを暗示しているのです。

第5章　在日と南朝鮮が日本人に隠しておきたい歴史

関東大震災の火災は朝鮮人による放火だ

今から40年以上前、父に連れられていわゆる顔役の人のところに挨拶に行った事があります。70代後半のその顔役の人を含めていわゆる私たちの中では顔の通った人たちでした。

以前、少し書きましたが金田の家系は族譜の長でもあり、金田はそこの嫡男ですから、まぁ、今でいう期待の星だったワケです。父は日本に同化する事を選び金田にもそれを望んだのでしょうが、自分の出自に対する誇りと若さ故の反抗が相まって、当時としては珍しく金田は南朝鮮への留学を選び、そして兵役にも就こうというバリバリの左派へと突き進んだのです。

父はそんな私を諌《いさ》めようとはせず、南朝鮮に行くのであれば少しでも金田の留学における問題が少なくなるようにと、前述した人たちのところに挨拶しに行ったのです。金田と同世代の同胞なら分かると思いますが、そういった挨拶に行くと酒宴になります。まだ未成年だという言い訳なんか当時は通じるはずもなく、元々酒にも強い家系ということもあり、金田もコップを持たされ酒を注がれます。もちろん、酒なんかは普段から飲んでいませんからウマさなんか分からないのでチビチビやるワケです。

そうこうしているうちに彼らはどんどんできあがっていくんですね。そうなると、過去の武勇伝が飛び交う事になります。

やれ土地を搾取しただの、強盗に入ってどうのとか、まぁ、皆さんがよく知っている話が出てくるのです。もちろん、そんな事を言うのは顔役の取り巻き連中で少し若い奴らではあるのですが、酒宴が進んでいくうちに、そういった空気に触発されて段々と上の世代も言い始めてくるのです。そんな状況の中で関東大震災の話が出てきたのです。

金田の当時の日記にはこう書いていました。

東京における震災直後、僑胞が家々に火を放つ話が◯◯の口から飛び出し驚く。他にも強奪や強盗、強姦の話があり悍《おぞ》ましき憎悪の血が流れている事を思い知らされる。

彼らは武勇伝の如く話すが、この放火で10万人以上の日本人が死ぬ事になったのかと思うと我等の理念は本当に正当なるものか疑念を抱く。

昔の日記を読んでいると、少し青いなぁって思いますが、当時の状況は昨日の事のように思い起こす事ができます。それだけ金田にとってはショッキングな件だったのですね。

今もそうだと思いますが、当時も関東大震災で私たちの祖先は日本人に殺されたと聞かされました。念のため、金田家ではそんな話は出てこなく、集会などで聞かされる事がほとんどで、素直な（！）金田はそれを真実だと信じていたのです。

ところがその地区の実力者たちから出てきた言葉は、それらの話を真っ向から否定する、残虐性の強い私たちを知らしめるものだったのですね。酔っ払っているから声も大きくなるでしょうし、内容も誇大になっていたかも知れません。ですが、放火は確実にあった。当時の金田は彼らの自慢話を聞いて確信に至ったのです。

この話を裏付ける史料は、今のところ金田は見つける事ができていません。ですが、当時の気象状況や出火状況から考えると強風が吹き荒れる前に燃え広がった理由は見当たりませんし、出火のあった場所と、当時私たちの祖先が多く住んでいた場所の奇妙な合致もまた、金田が若い日に聞いた話に信憑《しんぴょう》性を付与してしまいます。

関東大震災の火災は放火だった。

全てが放火だとは断言しませんが、以上の理由から金田はこれが真実だと信じて疑わないのです。

（関東大震災：なぜ、金田は朝鮮人が放火したと考えているか　2016・9・2）

――現在、南朝鮮において関東大震災は然程《さほど》知られていることではありませんが、年々、〝知名度〟が上がってしまっています。

終戦後、GHQの「日本に与うる新聞遵則（SCAPIN-33）」により朝鮮人に対する批判は禁じられていたこともあり、日本社会において「朝鮮人による放火」は口封じにあってしまったようです。その流れに乗って、私たちは自分たちの罪をなかったようにしている。ですが、ネット時代の今、簡単に史実を知る事ができます。南朝鮮人や在日同胞の多くは、戦後、アメリカに守られて批判から守られていた事を理解して、自分たちの本当の歴史を知るべき時代とも言えるのですが、何だかんだ時代に逆行していますよね。

韓国の英雄・李承晩元大統領による韓国人大虐殺

韓国人の友人と話していると、「日本人の方が韓国の歴史を正しく知っている」とよく思います。

特に韓国人の40歳代以下は〝作られた〟歴史を本当の歴史だと教え込まれているのです。

いえ、在日も同じだと思います。

私が学生時代に習った歴史は、様々な文献を読んでいくうちに、多くは間違っていた、と思うようになりました。

ここで質問です。

特に韓国人や在日の方に答えてもらいたいのですが、20世紀、同胞を一番殺したのは誰でしょう?

The Sydney Morning Herald に"South Korea owns up to brutal past"という記事が掲載されました。ここには大田《テジョン》で虐殺される同胞の写真が掲載されています。

この虐殺では114万人もの同胞が何の罪もなく、ただ虐殺されたのです。

虐殺を指示したのは、李承晩元大統領。韓国では英雄視されている人物の一人ですが、20世紀、同胞を一番殺したのは日本でも、中国でも、ロシアでもなく、同胞の英雄が同胞を殺していたのです。

この事件を補導連盟事件と言います。

韓国人や在日の方は是非、知って欲しい真実の歴史だと思います。

（韓国人が知らない韓国の歴史　２０１４・７・１）

―私たちはよく「平和を愛する民族」という言葉を用います。ですが、朝鮮の歴史を紐解くと戦争の歴史であり、朝鮮人は「虐殺」も繰り返し行ってきました。

ベトナム戦争では非武装の多くのベトナム一般市民を虐殺していますし、日本の統治前の１８６６年に起こしたキリスト教徒弾圧事件である「丙寅教獄」では８０００人も虐殺しています。多くの虐殺を繰り返した李氏朝鮮時代には日本人に対する虐殺も行われており、朝鮮人が敬愛する世宗は「対馬討伐」と称して多くの日本人を虐殺し、女性や子供を奴隷として連れ出しました（朝鮮王朝実録より）。繰り返し虐殺を行ってきた歴史を私たちは忘れてはいけないのです。

在韓米軍慰安婦は実は2種類に分類される

◆米軍基地村女性問題を悪用する日本のメディアに支援団体が取材拒否（2014・8・21ハンギョレ）

西欧メディアは、米軍と韓国政府の反応に注目している様子だ。ロイター通信とウォール・ストリート・ジャーナルは、基地村女性の訴訟のニュースを伝えて「在韓米軍スポークスマンが該当訴訟に対して『在韓米軍は性売買と人身売買に絶対的に反対する』との立場を示し、韓国政府は沈黙した」と報道した。ただし、米軍のこのような言及が、現在の原則を説明したのか、過去に自分たちが利用してきた基地村慰安所に対する立場であるかは曖昧だ。

日本メディアはさらに積極的に関連ニュースを伝えている。6月26日、保守系の産経新聞は2面、読売新聞は6月27日に7面で韓国基地村女性の訴訟のニュースを伝えた。ハンギョレの報道は、主に日本の週刊誌などが中心となって言及している。週刊ポストは今月1日、ハンギョレ報道に言及して「日本に対して元慰安婦の人権という〝正義〟を振りかざして罵倒を繰り返しながら、自らに都合の悪いことに頬被りする。韓国政府は『米軍慰安婦』についてこれまで謝罪も補償もしていない。朴槿恵（パク・クネ）大統領は、これから嘘の代償を支払うことになる」と指摘した。

日本週刊誌の報道は「人権を踏みにじった日本軍慰安婦と米軍基地村女性問題を韓国と日本が一緒に悩んで解決しよう」という反省的な省察ではなく、「君達も同じじゃないか」との冷笑的観点が大半だ。米軍基地村女性問題を利用して日本軍慰安婦問題の本質を希薄させようとする意図が入っていると見られる。このような憂慮のため、基地村女性の訴訟を支援する韓国の市民団体は、日本メディアの取材問い合わせには対応しないという方針を決めたことが伝えられた。

米軍慰安婦は正確には2種類に分類されます。

先ず一つは朝鮮戦争（1950〜1953年）中に設置された韓国軍慰安所による韓国軍慰安婦。

そして、もう一つ。1962年に設置された、いわゆる基地村慰安婦。これらは似ているようで性格が異なるものです。韓国軍慰安所は戦時慰安婦制度でいわゆる拉致などもあったものです。

反韓ブログなどでよく出てくる日本軍慰安婦たちの多くは、証言から見るとこの韓国軍慰安婦なのだと推測できます。尚、この韓国軍慰安婦は現在、85～95歳前後になります。なんか、日本軍慰安婦と年齢が被りますが、不思議な現象です。

1962年に設置された基地村。これは日本で言うソープ街に近いのです。

ただ、管理がずさんで、8割近くが性病保持者であったとも言われていましたから、70年代になると性病の強制検査が始まるのです。

女性たちの多くも職業として選ぶ人が多かったですし、私が若い頃は、彼女らは愛国者の鏡のように言われていましたが、結局のところは公設売春婦です。

ですから、基地村を利用した米軍兵士に「人権侵害だ」と言っても、それこそ単に公設売春宿の女を買ったくらいにしか思っていませんので「何の話だ？」となってしまいます。

だからこそ、在韓米軍スポークスマンが該当訴訟に対して『在韓米軍は性売買と人身売買に絶対的に反対する』という談話が出されたのです。

要するに、個人的な売春婦は買いませんよ（だけど、公設は別だけどね）となったのです。

でもね、南朝鮮内でも韓国軍慰安婦と基地村慰安婦が一緒になって在韓米軍慰安婦の扱いになっているんですよね。全く性格の異なる存在なのにどうして、彼らはこういった区別ができないんでしょうか。もしかして、補償金をより多くせしめるためなのかな？セウォル号の時は高校生と一般客を明確に区別したくせに。何をしているのやら…。

（米軍基地村女性問題を悪用して補償金をせしめようと画策している？　２０１４・８・22）

――元日本軍慰安婦とされる人たちの中には、明確に在韓米軍慰安婦だった人がいます。ジープやヘリコプター、クリスマス休暇など日本軍では絶対に考えられない用語が彼女らの証言の中にポンポン出てくるのは基地村慰安婦が混じっている証左です。近い時代の慰安婦なら、金を毟《むし》り取れる相手からまとめて奪ってしまえ！という考えがあるのでしょう。ですから、短期間存在した在韓米軍慰安婦に全くアメリカとは関係のない南朝鮮軍慰安婦や基地村慰安婦が出てくることになるのです。

ちなみに、アメリカで日本軍慰安婦問題を拡げる理由の一つとして、将来的に在韓米軍慰安婦での賠償が絡んでいる事は言うまでもありません。

人口ピラミッドからも分かる慰安婦20万人説の虚構

今日は少し慰安婦問題を考えていきたいと思います。

以前、計算上で20万人はあり得ない、と書きましたが、今回はもう少し別な視点で書いていきたいと思います。


慰安婦が満17歳以上という条件で募集されていましたが、アメリカの調査でも分かっている通り、実際、在職者年齢は19歳以上でした。

また調査の結果、慰安婦の中心年齢は20代前半でした。


ここから計算です。

１９２０年の朝鮮半島の人口が１６９１万人。

１９３０年の朝鮮半島の人口は１９６８万人。


この10年間で２７７万人が生まれた事になりますので、１９４５年時点で20代前半の人口は半分の１３８・５万人。

男女比はおよそ１０５：１００なので、１９４５年に20歳代前半になっていたであろう女性の人口は67・６万人であったと推計されます。

慰安婦の数が20万人とされていますから、この世代の実に30％もの女性が慰安婦になった事になります。

また、生存率が25％という数字を良く見かけますが、これが本当なら、戦後、20代前半の女性の人口は52・５万人まで減少していたことになります。

最近、以下の人口ピラミッド、よく見ますよね。戦争の痕跡、ということで。

20歳代前半というのは１９２０～１９２４年生まれ。この世代が赤ちゃんを

韓国の人口ピラミッド（2010 年推計）　総人口約 4887 万人

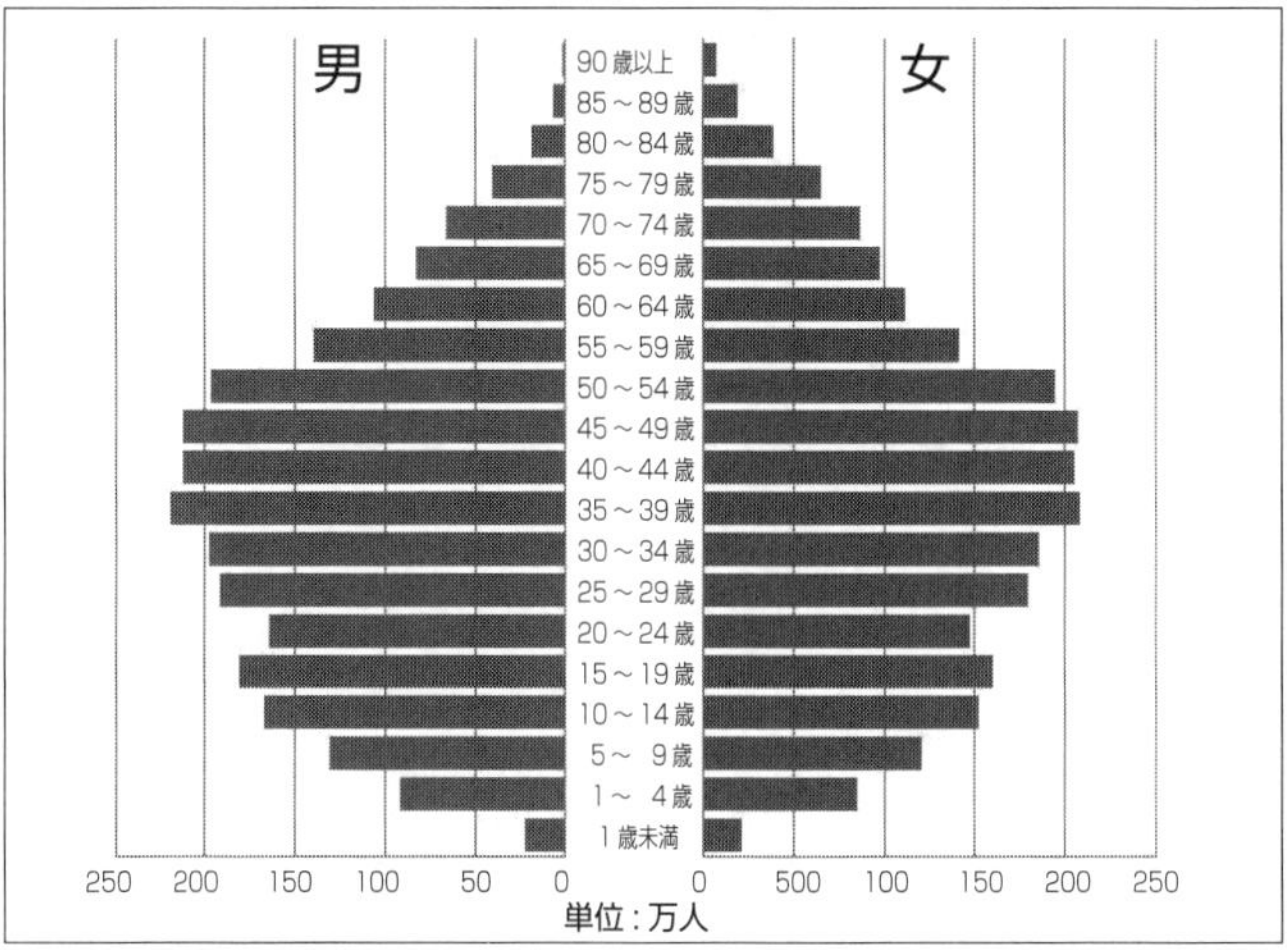

総務省統計局「世界の統計 2012」より作図

産むのは25歳前後がピークですから、１９４５〜１９４９年に出産となりますのでこのグラフでいうと60〜64歳のところを見ることになります。

さぁ、慰安婦として30％も連行され、生存率25％という過酷な試練の結果、この世代の女性が67・６万人から52・５万人と出産人口が22％も減った結果！

人口のくぼみができていませんでした。（60〜64歳のところの人口が大きく減っているはず。）

通常の戦争であってもその痕跡が残りますが、強制連行された結果、出産人口が22％減というのは、それ以上、くっきりとした大きな痕跡を残さないのはおかしいのです。生活が苦しくて売春しなければ生活できない南朝鮮のハルモニたち。「私は慰安婦だ」と名乗り出るだけで年金がもらえるのに、２０７人しか名乗り出なかったのは、人口ピラミッドからも分かるように、慰安婦20万人はやはりウソ、と断言できるからです。

（慰安婦20万人説は大ウソ！　２０１４・10・６）

ベトナム南朝鮮軍孤児3万人と日本軍孤児の比較

当時の日本慰安婦が本当に戦時性暴力であるなら、必ず〝混血児〟問題が浮上します。イラク戦争でもアメリカ軍はイラク人女性を多数レイプして妊娠させています。WW2（第二次世界大戦）に遡《さかのぼ》ると、ノルマンディに参加したアメリカ人がレイプした女性の人数は把握されているだけで14000人。これも妊娠問題が表沙汰になっています。

それでは我が同胞が参戦したベトナム戦争はどうでしょうか。参戦した同胞は延べ31万2853人。多数のレイプが報告され、混血児であるライダイハンは30000人！

なんと、全く敵意も何もない国にまで出かけていき多数の殺戮をした〝誇り高き〟我が同胞の約1割も混血児を生み出したのです。1％ではなく10％。これが戦時性暴力というものです。

レイプが必ず混血児を生む訳ではありませんが、約31万人規模の兵力で30000人というのは覚えておいてもよい数字でしょう。

それでは、日本軍を見てみましょう。

日本は太平洋戦争で延べおよそ1100万人。ベトナム戦争における朝鮮軍の約35倍の人員を送り出しました。南朝鮮軍の割合をあてはめて考えると、106万人もの混血児が生まれることになります。仮に0・1％であっても1万1000人。問題提起するには十分な人数になります。

1990年代から〝日本の〟反日メディアが繰り返し慰安婦問題を取り上げ、それこそ過去の戦地に赴き、日本軍によって妊娠させられた人たちを血眼になって探してきました。ですが、実際見つかった、と言われている人たちは何人いたのでしょうか。何十人とかではなく、それこそ何人というレベル。

それと、一部の人がライダイハンは「南朝鮮軍兵士の〝現地妻〟によって出産されたもの」だ、「戦時性暴力によって生まれた子供ではない」と言いますが、何をおっしゃる。ベトナム人の南朝鮮軍兵士に対する憎悪を知らないからそんなことを言えるのです。

南朝鮮の慰安婦は20万人で帰還率25％ですから5万人が生き残ったということですか。偶然にも誇り高き我が同胞がベトナムまで出かけて行った兵力と同じ人数ですね。このうち、6％でも出産していたら3000人ですよね。さて、今まで慰安婦ハルモニは出てきましたが、日本軍孤児はいましたっけ？

ここで軍支給のコンドームの話はナシですからね。何せ、日本慰安婦は性暴力とカテゴライズされていますから、性暴力としてカテゴライズされていない管理されていたであろう南朝鮮軍のライダイハンよりも日本軍孤児が圧倒的に少ないのはなぜ、という疑問なんですから。

最近は南朝鮮人の方もブログを見に来て頂ているようで感謝です。是非、彼らにこの疑問を回答してもらいたいのですがどうでしょうかね。

（慰安婦20万人説は大ウソ！　その2　2014・10・11）

―この問題は徴用問題にも言えるのですが、強制連行されて日本に連れてこられた朝鮮人は650万人（北朝鮮は840万人と主張）と言います。朝鮮半島の人口は労務徴用が始まった1944年は2512万人でしたが、終戦を迎えた1945年には2526万6258人へと増加している。650万人も日本に連行されているにもかかわらず、14万人も人口が増えるって1年間で少なくとも赤ちゃんが665万人近く生まれたことになります。凄まじい生殖力ですね、私たちのご先祖様って。

親日家の財産を没収するのは新・両班様へのやっかみ

◆親日派の土地帰属めぐる訴訟、韓国政府が勝訴（2014・11・1 朝鮮日報）

「親日派」とされる閔泳殷（ミン・ヨンウン）＝1870－1943＝の子孫が所有する忠清北道清州市の土地について、韓国政府が国の帰属とするよう求めた訴訟で勝訴した。

（中略）

閔泳殷の子孫は2011年3月、清州市を相手取り、同市上党区の土地12筆（1894・8平方メートル）に設置されていた道路を撤去し返還するよう求める訴訟を起こし、一審では勝訴したが、控訴審は「問題の土地は親日財産帰属法が定めた親日財産であり、国に帰属すると見なすべきだ」との判決を下した。

閔泳殷は1913年5月から6年にわたり、忠北地方土地調査委員会委員として活動するなど、代表的な親日派の人物として知られる。

もし、親韓家の財産は国に帰属すべきもの、と日本が言ったら南朝鮮人は火病を起こし猛り狂うでしょう。どこかで自分たちの考えが〝普通の感覚〟とズレているのを気づかないと、本当に大変な方向に向かってしまいます。

それでなくても、既に反日感情は政府でもコントロールすることができなくなってきて、一つの箍《たが》が外れると堰《せき》を切ったように制御が効かなくなる。それが遺族様を生む素地にもなっているのですよね。

併合前から、既に李朝は国としての体を成していませんでした。莫大な借金を国外にこさえてしまい、いつ、国が崩壊してしまうか分からなかった状況でした。また、北にはロシアの脅威も迫り自国でこれらの問題を解決する能力がなかったんですね。

そこで助けを求めた先が日本だったのです。そりゃあ、宗主国清様はこの時には既に息も絶え絶えで欧米日に植民地化されていましたから、選択肢が日本オンリーだった訳です。

で、思惑通り、窮地を救ってくれたのですから、日本に擦り寄ったいわゆる親日家は朝鮮を救った人たちでもあるのです。ただ、そこは朝鮮人。それを権益にしてしまったのですよね。新・両班《ヤンバン》様になり、お金を儲け始めたのですから、面白くない人が出てきますよ。

そして、戦後、日本を体良く追い出し建国したのですが、ここで新・両班様に対しての思いが湧き出てきたんですよね。「うまいことやりやがって」というものです。この思いを法にしたのが親日財産帰属法ということです。

ですが、やっぱりやり過ぎですよ。羨ましいのは分かりますが、それはその時代を俯瞰して視る能力が親日家にはあったということで、それを言うなら、当時の中産階級以上は全て親日家ですからね。言い換えると、今の南朝鮮人の8〜9割は親日家の子孫。そんな中で〝ちょっと有名〟な親日家の子孫だからって資産没収されたら、本来は問題にならないほうがオカシイ。

ですが反日感情を既にコントロールできないから、司法もこういった判決を出さざるを得なくなる訳です。

書いていて、ナチスを想起したのは多分、私だけじゃないはず。コワイコワイ…。

（韓国人の大半は親日家の子孫なんだから、全ての土地を接収したら？　2014・11・1）

朝鮮人の軍艦島労務者は待遇が良く高収入

◆韓日、朝鮮人徴用現場「軍艦島」世界遺産登録めぐる両国間協議開催　（2015・5・9　ハンギョレ）

韓国と日本が、朝鮮人強制徴用現場を含む日本の産業施設のユネスコ世界遺産登録の問題を議論する初めての両国間協議が22日、東京で開かれる。

ユネスコ世界遺産委員会傘下の民間諮問機関である国際記念物遺跡会議（ICOMOS）は最近、日本が申請した23カ所の近代産業施設について「登録勧告」の決定を下しており、6月28日から7月8日までにドイツのボンで開かれる第39回世界遺産委員会で最終登録が決定される。

政府は、このうち、いわゆる「軍艦島」など7カ所が日本植民地時代に朝鮮人が強制徴用された現場であるという点で問題にしている。これらの施設には5万7900人の韓国人が強制動員され、そのうち94人が動員中に死亡した。政府は、当該施設の登録自体を防げなくても、いかなる形であれ、強制徴用について韓国の立場が反映されなければならないという姿勢だ。政府は、これらの施設が登録される場合、関連報告書に朝鮮人強制徴用があったという記述を入れるか、または関連施設に強制徴用記念碑を設置するなど、多角的の代案を検討していることが分かった。

韓日は、今回の両国協議をはじめ、世界遺産委員会の最終決定まで激しい外交戦を繰り広げるものと見られる。日本の菅義偉・官房長官は同日の記者会見で、「あくまでも専門家機関が世界文化遺産にふさわしいと認めて勧告したものであり、韓国が主張するような政治的主張を持ち込むべきではい」と述べた。


なんて私たちちってバカなんでしょうか…。

もし、あなたのお父さんやお爺さんが存命中で徴用経験者であるなら、聞いて欲しい事があります。〝徴用〟は強制でしたか？　と。

国民徴用令による朝鮮系日本人の徴用のうち、今回の記事のような日本本土へ向かわせるものは1944年9月から1945年3月まで行われたんですね。それでは、この徴用により日本に渡った同胞は何人でしょうか？

昭和35年2月外務省発表集第10号によると「戦時中に徴用労務者としてきたものは245人に過ぎないことが明らかとなつた。」とあるんですね。ちなみに、その徴用の仕方はいわゆる斡旋方式で、同胞が同胞を集めて日本に送るという形式だったんですね。

さて、この245人はどこにいたのでしょうか？　全員、軍艦島ですか？　ちなみに、軍艦島に働きに来た我が同胞は、ほぼ100％、自由渡航での労働者ですよ（もしかしたら調べ漏れがあって1人くらいはこの245人のうちにいるかもしれないので、ほぼ、としました）。しかも、この245人ですら、強制ではない。

強制徴用、強制動員は「0」なんですよ。

分かるかなぁ。言葉をいくら弄《いじ》っても「強制」された徴用者はいない。全くの0なんですね。

中央日報では「日本人全体を敵にするべきではない」という記事を書きましたが、そろそろ、資料を正しく読み、正しい議論を始めないと、私たちは民族として、国際社会から爪弾きにされてしまいますよ。

（朝鮮人の強制徴用は1人もいないって知っていますか？　2015・5・10）

――軍艦島に5万7900人が強制動員。それだけの男性が集まっておきながら、なぜ、暴動を起こさなかったのでしょうか？　武器となるようなツルハシなども渡されているというのに、戦うこともせず過酷な労働に従事し続けたのでしょうか――？

実際は待遇も良く、家族を軍艦島まで呼び寄せ、高給とも言える収入があった軍艦島労務者たち。そもそも、強制動員されたのなら、なぜ、家族を呼び寄せるのか疑問に思わないのでしょうかね？

日本軍朝鮮系慰安婦と韓国軍ベトナム人慰安婦の違い

◆［インタビュー］第二次世界大戦を知らない日本の若者たちに戦争の実状知らせたい（2015・5・21 ハンギョレ）

「講演者の一人が、日本の代表的な知識人であるが、良い話もたくさんして下さったが、最後にはあまりにも『慰安婦』の話がたくさん出て失望したという風に述べた。その瞬間、慰安婦問題を日韓だけの問題に縮小して見ているという気がして、自分の考えを多少言わせてもらった。実際、韓国でベトナム民間人虐殺の真相究明と謝罪運動に長く関わってきたが、日本の市民社会では、はるかに多くの良心的な知識人たちが日本の戦争犯罪について謝罪する運動を行っている。日本の右翼は韓国もベトナムで虐殺をしたから、日本の戦争犯罪を問題にする資格がないと主張している。残念ながら、その韓国軍の指揮官は、日本帝国主義から虐殺を学んだ。虐殺の責任に民族や国籍を介入させてはならない。日本軍慰安婦の問題も同じだ。日本が犯したとしても、韓国が犯したとしても、米国が犯したとしても、虐殺と従軍慰安婦問題は、大きな過ちであることに変わりはない」

なかなかウマイやり方ですね。ヘドが出そう。

日本軍慰安婦と対比するなら韓国軍慰安婦ではないですか。虐殺を慰安婦問題として矮小化するなんてその性根の腐り具合が気持ち悪い。

慰安婦問題は後述するとして、「ごめんなさいベトナム」運動、これは民間運動ですね。国としての謝罪や賠償では決してない。日本は総理大臣から慰安婦ハルモニに対して謝罪の手紙を書いています。賠償も協定以外で追加して払いました。

南朝鮮は公式には虐殺も少女を強制的に連行して慰安婦にした事についても、賠償はおろか謝罪以前の問題として認める事すらしていません。

虐殺に関しては、南朝鮮同胞は日本人を虐殺しました。戦争を逃れ、日本に難民としてやって来た避難民一世は、進駐軍と称して、日本人から略奪、レイプ、そして殺人を起こしました。これは軍人が行ったのではなく、朝鮮民間人が行った事です。

もちろん、朝鮮系日本軍も、終戦と同時に、日本人を虐殺しています。要するに、私たちは軍人・民間人を問わず、日本人を虐殺しました。ですが、日本人が統治時代、私たち朝鮮人を虐殺した史実はない。

そして、日本軍朝鮮系慰安婦と韓国軍ベトナム人慰安婦の違いをまとめてみたいと思います。

〈日本軍朝鮮系慰安婦〉
募集：任意であり人気の職種であった。また一部は朝鮮系女衒《ぜげん》が介在して集めていた
給与：高額
年齢：17歳以上
相手：朝鮮系日本軍人
自由：買い物などの自由が与えられた
性病：避妊具などを配布され性病予防や妊娠予防に努めた
人数：２３７人（このうち１４９人は慰安婦動員時の年齢すら不詳。また証言は全て

が史実と合わない）

〈韓国軍ベトナム人慰安婦〉
募集：知る限り全てが強制連行
給与：支払われず
年齢：10代前半の少女
相手：韓国軍人
自由：拘束され自由はなかった
性病：多くの少女が妊娠し性病に罹った
人数：30万人から50万人

ベトナム人慰安婦に関してはまだ、正確な資料という段階ではないのですが、私がベトナムで聞いてきた話も加味してあるこの内容で、ほぼ確定でしょう。日本の若者は慰安婦に関してこの正しい史実を知る必要があります。

ちなみに、日本の方があまりご存知ない事に「慰安婦は人気職種であった」というものがあります。

李朝時代には妓生庁《キーセン》が置かれ、妓生は国の制度として組み込まれていました。日本統治によって、これは解体されましたが、私たちの生活から妓生制度が消えることはなく、そのまま存続したんですね。特に、女の子のいる家では働かない父親の借金のカタに女衒に売られることが常態化していたのです。あの故金学順ハルモニもそうでしたよね。

また、日本軍慰安婦として長期働くことはほとんどなく、数年で今で言う億万長者になっていたんですね。その話を聞いた女の子の親が慰安婦として売らないはずがないでしょうに。実際、南朝鮮の慰安婦人気は非常に高く２００４年まで国営の妓生があったほどですから。

ちなみに、一部の反日同胞は妓生は芸妓と同じだ、と言いますが、それは妓生の一面であり、その実態は娼婦です。妓生外交を展開していた私たちが、日本に妓生を突っ込まれる事を避けるために妓生制度をなくし、その代わりに売春婦外交を展開している。

李朝から現代に至るまで、名前は妓生、慰安婦、売春婦と変えましたが、常に娼婦は人気職種だったのです。


（日本の若者に〝本当〟の戦争の実状を知らせたい　２０１５・５・21）

―妓生は朝鮮人女性にとって非常に身近な就職先でした。これは現代においてもそうで、風俗や売春に対する敷居は日本とは比べる事ができないほど低いのです。

実は面白い話があります。なぜ、戦時中、人気職種であった妓生（いわゆる慰安婦）を敢えて募集しなければいけなかったのかというと、日本軍の規制による年齢制限が関係していたから。それというのも、妓生として両親から売られるのはもっと小さな頃に売られてしまう。日本軍の年齢制限以上になると、そういった売られた女児の多くは農村に妻として買われてしまうからです。それ故に、朝鮮人としては〝売れ残った〟女性に対して募集することになるので、多くの女性はその求人に殺到することになりますし、朝鮮人慰安婦の多くは、お世辞にも美人ではなかったのです。

北朝鮮から慰安婦が名乗り出られない理由

◆明治学院大教授、『帝国の慰安婦』を批判（2016・7・5 朝鮮日報）

在日歴史学者の鄭栄桓（チョン・ヨンファン）教授（明治学院大学）が、従軍慰安婦に関して歴史を歪曲（わいきょく）したと非難されている朴裕河（パク・ユハ）教授（世宗大学）の著書『帝国の慰安婦』を強く批判した。

鄭教授は今月1日午後、ソウル市鍾路区の「青い歴史アカデミー」で、自著『誰のための和解か』の出版記念講演会を行った。その中で鄭教授は、朴教授が少数の元慰安婦の証言を拡大解釈して一般化したと主張し「階級的・民族的・性的に最も抑圧されていた（慰安婦）被害者が、植民地の規範を内在化したことはなかった」と語った。

併せて鄭教授は、『帝国の慰安婦』が日本で好評を博していることについて「日本社会が望む慰安婦イメージ、保守派も許容し得るイメージを提供したから」と指摘した。『帝国の慰安婦』は、被害者について「自発的売春婦」「慰安婦は軍人と同志的関係」などと記述し、強い非難を引き起こした。

鄭教授はこの日、在日3世で「朝鮮籍」という身分のため韓国への入国許可が下りず、日本からテレビ講演を行った。一方、朴裕河教授も講演会に自ら赴き、こうした批判に反論した。


日本社会党も挺対協も、慰安婦問題は北朝鮮が裏で糸を引いています。ということの傍証がここでも確認できる、という記事です。

皆さんも少し気づいていると思いますが、南朝鮮、中国、台湾、フィリピンなどからは慰安婦が名乗り出ています。北朝鮮も２００６年に「従軍慰安婦は20万人！」というトンデモ数字を発表していました。ところが、北朝鮮からは「私が慰安婦です！」と名乗り出てくる女性がなぜだか出てこない。

まぁ、出したくても出せないんですけどね。

それには理由があり、北朝鮮の人口ピラミッドを見るとその理由が分かります。男女共に60～69歳の層で南朝鮮では見られない凹みができている事が分かります。この年代は既に第二次世界大戦が終了していますから、南朝鮮でいう「日本ガー！」というものは一切関係ない。

ロシア人による満州や北朝鮮にいた日本人女性に対するレイプは凄まじいものがありましたが、南朝鮮がアメリカに女性を供出したのと同じように北朝鮮もロシアに女性を供出した。その結果として性病が蔓延し、60～69歳の人口が急減したのです。子供を産めない女性が増えたからですね。

ロシアの蛮行を日本の責任に押し付けるより、手っ取り早く金が欲しかった北朝鮮は人権問題よりも補償を優先した。だから拉致問題を部分的に認め、慰安婦は引き続き南朝鮮に行わせていたのです。

ただ、その補償も分捕る事が難しいと見るや、慰安婦問題をチラつかせ始めたのですね。

北朝鮮の女性の平均寿命は72・7歳。南朝鮮は85・0歳ですから12・3歳もの開きがある。慰安婦の平均年齢が89・1歳ですから（全て２０１５年の報道での数字）、仮に北朝鮮に慰安婦がいたとしても、全員、亡くなっているというオチ。

チラつかせるには北朝鮮の平均寿命なら後20年は早く言い出さないと。２００６年では遅過ぎたのです。という事で、慰安婦補償は美味しいと思い込んでいる北朝鮮は、南朝鮮と日本が和解してもらっては困りますから、北朝鮮と日本が平和条約を締結するまでは少なくとも慰安婦問題を消し去りたくないのです。

こんな馬鹿な流れを作った盧泰愚は南朝鮮からしたら本来は国賊なんですけど、残念ながら、このままいくと彼は歴史に名を残す英雄になるかも知れませんー。


（慰安婦問題は北朝鮮が裏で糸を引いている傍証　２０１６・７・６）

ー なぜ、南朝鮮は慰安婦問題を終わらせたくないのか。これは北朝鮮の意向が強く反映されています。日韓基本条約において、日本は南朝鮮に対して経済協力金として莫大な金額の現地資産の譲渡及び金銭の支払いを行いました。これは、朝鮮人の窓口として南朝鮮政府に対して行っただけで、日本の朝鮮人に対する戦後補償はこれで完全に終了したのですね。

　ですから、今後、北朝鮮と日本が正式に国交が結ばれても、日本から如何なる名目でも金銭を支払う義務はないのです。そこで、北朝鮮は慰安婦問題を終わらせなければ、国交樹立後にこれを使って金銭を日本から受け取ろう、という考えがあるようなのですが…。

カナダ・イスラエル友好協会、慰安婦＝性奴隷を否定

◆How UNESCO Blackmails Israel and Exploits the Holocaust（2016・11・7 Canada-Israel Friendship Association）

　戦争終了後、占領下に置かれた日本の戦時行動は完全に調査された。（戦時犯罪の）当事者たちは東京裁判に於いて有罪判決を受ける事になった。裁判官の1人であるインドのパール判事は出された訴訟結果に於いて結果が過度であるとして反対意見を出したが、1952年にアメリカの占領が終了後に日本は合意書に署名し、その判決を受け入れた。政府の陰謀により20万人もの女性を性奴隷にしたと思しき出来事を、（日本を裁

くための）裁判官が、これほど重要な出来事を見落とすとは到底考えられない。（日本）軍慰安所の問題は米国当局によって調査された。機密解除文書によると、ほとんどの場合、日本軍は娼婦を雇ったという結論が出ている。そう、性奴隷という陰謀は見出されなかった。

これまでのところ、運動の支持者は性奴隷の陰謀について説得力のある文書を提出していない。記録遺産提出時にユネスコに提出した文書でさえ、ユネスコと申請者によって秘密にされている。1993年、日本政府は、いわゆる「河野談話」で、戦時中の軍の売春宿の存在を認めたが、それはアメリカ人が収集した情報とは何の相違もなかった。慰安所という施設の存在が良いものであるとは言えないが、それは（イスラエル・ホロコーストは）別のホロコーストを引き起こしたという主張からは程遠い。

申請者は、大量虐殺の証拠がないにもかかわらず、3・4節でホロコーストが行われていると主張している。

ネットの中で結構拡散されているものですが、もう少しこの記事の言わんとしている事を補足させてください。

日本のメディアは書きませんが、ユネスコ分担金を払っていない国は少なくありません。そのうちの一つがイスラエルです。ユネスコ分担金はＵＮ（国連）の定める分担率に準じていると言いますが、そもそもＵＮの計算法自体が相当なバイアスがかかっていて、例えば、ＩＭＦが予想する今年の世界の名目ＧＤＰに占める日本の名目ＧＤＰは５・５％ですが、実際のＵＮ分担率は９・68％と４％以上も多い１億２３４万ドルもの負担増を強いられています。

そんな、言いなり状態で金だけ拠出させられているにもかかわらず、思想が偏った一部の人たちのために、イスラエル・ホロコーストが売春婦と同一化され、その被害を矮小化される事に耐えられないユダヤ人の悲痛な叫びがこの記事の本質であって、日本を擁護しようという趣旨ではないのです。

擁護するためのものではないからこそ、そこには説得力があり、読むものの心を鷲掴みするのですね。

東京裁判ではパール判事だけが日本側に立ってくれた、と思っている人がいますが、それは大間違いです。例えば、オランダのレーリング判事はナチスドイツに比べて日本に対する量刑は重過ぎるとし、フランスのベルナール判事に至っては一堂に会して協議したことがない（適正な判決ではない）とさえ言っています。そんな、主にマッカーサーの個人的恨みが積もった日本を貶めるための判決を可笑しいと思った人は少なくないのですが、昭和天皇陛下の命と日本という国を守るために異常な判決を日本は受け入れたのです。

その、日本を貶めるために調査を尽くし、自国の悪事を棚に上げてまで作り上げた東京裁判。その中にでさえ、慰安婦は戦時犯罪ではないという判断が間接的にされていたのですね。アメリカは慰安婦を相当調べていた。しかし、それを俎上に乗せなかったのは戦時犯罪では裁けないという判断が日本憎しのマッカーサーにでさえあったのです。

ご存知のように、南朝鮮は現在に至るまで、説得力のある史料を提示してきた事は一度もありません。アメリカで行われた裁判でさえ資料を提出できずに棄却されました。

ここでは省きましたが、仮に日本軍慰安婦がホロコーストであるなら、中国が行った120万人にも及ぶチベット人の虐殺や数万人にも及びチベット女性に対する陵辱、そしてベトナム戦争における南朝鮮軍による（50万人にも及ぶ）ベトナム人女性への暴虐と陵辱は、日本軍慰安婦以上にホロコーストに近いとまで書いています。

まとめると、調査をし尽くしたアメリカ軍でさえ慰安婦は戦争犯罪として認めることができず、当事国の中南（中国と南朝鮮）でさえ証拠を出せず、また、中南の行った陵辱行為の方がホロコーストに相応しいという、金田真っ青の論法で「慰安婦＝ホロコースト（性奴隷）」を真っ向からブッタ斬りしているのがこの文書なのです。

嬉しいですね。

（カナダ－イスラエル友好協会の慰安婦文書について　２０１６・12・１）

―南朝鮮では慰安婦の証言を検証しない、という立場を崩しません。記憶は時間が経つと曖昧になる部分が多いから、というのがその根拠になっています。ですが、慰安所にいたというのなら、少なくとも在籍していた慰安所の名称と日本軍の部隊名が分からないはずがないのですが、それすら答えていない慰安婦が多過ぎます。

金田が検証した範囲では元慰安婦の証言のほとんどが史実に基づかないので、ニセモノが多いという結論に至っていますが、混血児問題でも書きました通り、もし、〝性奴隷〟であったのなら日本軍人と朝鮮人慰安婦との間に多くの混血児が生まれていたはずですが、実際は「０」。ここからも、日本軍下における慰安婦制度は性奴隷とは全く異なる事が分かるのです。

Gーベビー20万人、日本軍人孤児0人の意味すること

◆【コラム】文在寅大統領が安倍首相のようにできない理由（1）（2017・10・24中央日報）

連合国に敗れて日本が取った最初の措置の一つが占領軍のための「慰安所」設置だった。1945年8月15日、天皇が降伏を宣言してから3日目に日本内務省は外国軍の駐留が予想される都道府県に慰安施設を設置するよう公文書を送った。敗戦8日目に半官半民性格の「特殊慰安施設協会（RAA）が結成され、すぐに東京に米軍専用慰安所1号店がオープンした。RAAは最高級の衣食住提供などを約束し、「特別女性従業員」の募集を始めた。RAAに所属する事業主は皇宮の前で発隊式を行い、新日本の再建と日本女性の純潔のための滅私奉公の決意を固めた。

戦争中に日本は植民地朝鮮の無力な女性を旧日本軍慰安婦として動員した。戦争に敗れると、自国の貧困に苦しむ一部の女性を、占領軍の性犯罪から大多数の女性を守る「防波堤」として利用した。花代として受けたドルは戦後の復興資金として使われた。占領軍のための売春は東西古今どこにでもあるが、戦後の日本のように国が国策事業として

進めた例は珍しい。

『日東壮遊歌』というものがあります。これは李朝が徳川幕府に対して第11回朝貢使を送った際に、その朝貢使に参加した金仁謙が記したものです。この書にもあるのですが、妓生が多々記されており、妓生の存在は、外交や内政の潤滑油という位置付けであり、国策どころか広く国民の生活にも知られている売春事業でした。

世界広しとはいえ、こういった売春外交を20世紀、いえ、現在も展開している国は南朝鮮以外は存在しないでしょう。こういった背景が、南朝鮮外交官が外国で性犯罪を繰り返す素地になっているのは言うまでもないのですが、この記事を書いた記者はいつものごとく自国に不都合な事は全て棚上げ、という姿勢なのでしょう。

日本のＲＡＡと南朝鮮の売春外交には違いがあることを、皆さんに是非知ってもらいたいのです。（ＲＡＡ＝Recreation and Amusement Association：日本名「特殊慰安施設協会」、日本に進駐した連合国軍兵士による強姦や性暴力を防止するために連合国軍占領下の日本政府によって設置された慰安所）

アメリカ軍は現在もそうですが性的衝動を抑えられない軍隊の一つと言えます。特にこの当時は、ヨーロッパ戦線において1万4000人もの女性がアメリカ軍にレイプされ、戦後、日本に進駐したアメリカ軍により最初の10日間だけでも神奈川県だけで1366人の女性がレイプされています。厚木に先遣隊が派兵されたのですが計画書によると3000人。たった3000人のアメリカ兵なのに、1366人がレイプされるのですからその性犯罪性の高さはいかほどのものか容易に想像できます。

ここから一つ分かることがあります。

占領軍兵力が1945年9月時点でおよそ40万人に対して、RAAの慰安婦は最大で5万5000人。それならば日本軍の出兵人数に対して20万人の慰安婦という数字は妥当性がある、と左翼は言います。

僅か3000人のアメリカ軍兵士が上陸後たったの10日で1366人をレイプするような輩。RAAが特殊慰安所を設置後も日本人に対するレイプが終わることがなかったのですから、正直な話、アメリカ軍にとっては5万5000人でも少なかったのでしょう。

ですが、日本軍は食料の補給もままならない状態。しかも、戦争自体は状況が悪くなかった中国戦線であっても日本人は地元住民に対する略奪やレイプは非常に少なかった。だからこそ、アメリカ軍などと一緒のモラルのように考えてもらっては困るのです。

尚、２０００人もの混血孤児を育て上げたことで知られる沢田美喜さんによると、進駐軍によってレイプされてた結果生まれてきたいわゆるＧＩベビーは20万人。私たちの場合、ベトナムに延べ31万２８５３人の派兵で３万人のライダイハン。アメリカ軍のことをとやかく言えるような数字では決してないですが、これを考えるとどれだけアメリカ軍が日本で好き勝手やったか分かるでしょう。

それに対して日本軍が侵攻した地域での日本軍人とのハーフは朝日新聞などが血眼になって探し回って０人。アメリカ軍も、南朝鮮軍も、日本軍も慰安所があった。それなのに混血児の数にこれだけ大きな隔たりがある事の意味を、左派は理解すべきでしょうね。

（ＧＩベビー20万人を忘れてはいけない　２０１７・10・25）

――この混血児問題は慰安婦にも同じことが言えます。20万人の慰安婦、と言いますが、慰安婦が日本軍人との子を産んだケースが「0」なのです。元々、日本軍下では然程《さほど》中絶は行われていませんでした。本当に20万人も慰安婦がいたのなら数千人は混血児が生まれていたはずです。

これは二つの史実を私たちに教えてくれます。一つは、慰安婦が20万人なんてあり得ないという事。そしてもう一つは、慰安婦は言われている以上に良い待遇だったという事です。日本軍が現地住民に対しても慰安婦に対しても、多くの国の軍隊よりも節度を持って接していた事を混血児問題から知る事ができるのです。

民意を利用し慰安婦合意を反故にしようとする南朝鮮

◆慰安婦合意　検証結果など踏まえ政府方針決定＝韓国外交部（2017・12・26 朝鮮日報）

【ソウル聯合ニュース】韓国外交部の魯圭悳（ノ・ギュドク）報道官は26日の定例会見で、

旧日本軍の慰安婦問題を巡る2015年の韓国と日本政府の合意に関する同部のタスクフォース（TF、作業部会）が検証結果を発表することに関連して、「政府はTFの（検証）結果報告書とともに、被害者関連団体や専門家の意見など諸般の状況を勘案しながら立場を決めていく方針」と述べた。魯報道官は菅義偉官房長官が同日の会見で合意の着実な履行を強調したことに関する質問を受け、韓国政府の方針について言及した。

◆日本、慰安婦合意の検証結果控え「信義に基づき合意履行を」（2017・12・26朝鮮日報）

日本の菅義偉官房長官は26日、旧日本軍の慰安婦問題をめぐる韓日合意に関する韓国政府のタスクフォース（TF）の検証結果発表を翌日に控え「合意の着実な履行」をあらためて強調した。

「韓国の内政について政府として申し上げるつもりはない」（菅義偉官房長官の記者会見での発言）

日本にとってはこれが全て。南朝鮮では本質となるこんな大切なことを報じないのですよね。信義に基づく実行などは今回の検証云々には関係なく、これは単なる内政問題に過ぎないのです。

例えば、

・元慰安婦との意思疎通が不十分
・国民の70％が受け入れていない
・被害者と関連団体が満足できていない

など書いていますが、これって日本に何か問題があるのかというと、全てが南朝鮮政府に問題があるのであって、これらが全て検証により取り上げられたとしても、南朝鮮政府の取るべき道は、合意の見直しではなく、これらの問題を解消するように全力を尽くすことなんですよ。

ところが、お月様（文在寅大統領）の政策は「民意」というものに恐れ慄《おのの》いており、民意とやらにどう政策を納得させるかではなく、民意に沿った政策を取ろうとするのです。

そして、この「民意」というものは、機能性文盲に陥った洗脳されやすい国民が、従北者の意向を汲んだメディアによる思想統制が行われた結果、お嬢様（朴槿恵元大統領）を蹴落とし、慰安婦合意に異を唱えられるようにしようとしているもの。

作られた民意、お月様に都合の良い民意を利用して、強引に慰安婦合意を反故にしようという一歩が今回の検証となるのです。

日本の取る道は、
・今回の件は、単なる内政問題であるという姿勢を取り続ける
・南朝鮮には引き続き合意内容の実現を要求し続ける
・国際世論に南朝鮮が合意履行をせずに違反行為を続けている事を訴える
日本は国際世論に訴えることに関しては本当にお子様のよう。日本国内だけでいくら強気に述べても、もっと世界のメディアに取り上げてもらうように働きかけて、「南朝鮮は合意を守らない国」という事を訴えても良いと思うのです。

そろそろ仕事をしましょうよ。外務省さん。


（慰安婦合意の検証問題の本質は　２０１７・12・26）

―国民の7割が受け入れていない、と私たちは言いますが、当の元慰安婦は全く逆の反応を示しました。慰安婦合意後、当時存命していた元慰安婦の7割以上が見舞金を受け取っているのです。

国民感情、という言葉をお月様は良く口にしますが、〝当事者〟がどう考えているかについては全く念頭にないようです。まぁ、彼に言わせると、その7割は騙されて見舞金を受け取ってしまったと言うのかもしれませんけど。

第6章　どうかしている南朝鮮

南朝鮮の「友人」はどちらか一方が得をする関係

◆【コラム】友人になれる日本人はもういないのか（2014・9・8 朝鮮日報）

つい先日、韓国外国語大学の鄭普錫（チョン・ジンソク）名誉教授から梶山季之（1930―75）という日本人について話を聞くことができた。ある韓国メディアの研究によると、これまでさまざまな業績を残してきた鄭教授は、米国のハワイ大学に保管されている朝鮮総督府の言論統制に関する極秘資料「大正14年新聞紙要覧」が梶山氏の所蔵だったことを知り、この人物に注目するようになったという。梶山氏の妻は1977年、夫が生涯をかけて収集してきた韓国関連の資料7000点以上をハワイ大学に寄贈した。

（中略）

日本の大手紙、産経新聞のソウル支局長は先日、朴槿恵（パク・クンヘ）大統領に対する名誉毀損（きそん）の容疑で検察の取り調べを受けた。罪の有無は法律が判断することだが、産経の記事は少なくとも「友人」が言うようなことではなかった。産経は今年4月にも韓国と中国を「反日チンパンジー」と表現したことがある。「日本は韓国や中国よりもインドとの友好を深めるべき」と主張した。この記事の趣旨は「日本とインドは友好的かつ防御的な性格の類人猿である『ボノボ』であり、韓国と中国は攻撃的で闘争的な『チンパンジー』」というものだった。ネットには「インドとの友好が必要なのは確かにそうだが、人種差別はやるべきでない。野蛮な言動は国益にプラスにならない」といった反応が相次いだ。

かつて日本の外務省国際情報局長を務めた孫崎亨氏（元防衛大学校教授）は先日、本紙とのインタビューで「韓国と中国を強く批判すれば、国民が喜ぶ雰囲気がある」「安倍政権を批判する知識人たちの発言の機会が減っている」と述べた。梶山氏のような「友人となる日本人」はもういなくなったのだろうか。

日本人が考える友人と南朝鮮人が考える友人は同じ単語ではありますが、意味が違うって知ってますか？

日本人は多くの方は違うことを知っているでしょうが、南朝鮮人は同じだと思っています。今回はその違いについて。

私たちは小さい頃から「ウリ」という概念を叩き込まれました。ウリというものはその範囲がその状況によって変わり、友人だけではなく、最小単位は家族から始まり、血族、同じ郷里、同じ会社、サッカーなら同じ国まで変化します。そして、そのウリの中にはそれぞれ序列があり、同じ序列ということはなく〝必ず〟上下関係が存在します。最近では「利益を共有できる」というものがウリというものを示すようになってきています。要するに「ウリ」というのは仲間というよりも利益で繋がった人たち、と考えると分かりやすいでしょうか。

日本では互いに伸ばし合う、とか、本当に困っている時に助けてくれる、といった関係が友人であり、一方的に利する関係は友人とは言いません。ですからたかが消しゴムのようなものであっても、借りる時には「貸してもらえる？」と断り、返す時には「ありがとう」と感謝の意を示します。

南朝鮮では友人というのはどちらか一方が利する関係です。先ほどのように消しゴムを借りる時、上にいるものは断りもなく消しゴムを借り（時には返さず）、返す時も無言です。ドラえもんに登場するジャイアンの名言「俺のものは俺のもの。お前のものも俺のもの」をそのまま地で行くのです。しかし、下にいるものが無断で消しゴムを借りたらどうなるか。容易に想像できるでしょ？

これが両国の〝友人〟の違いです。

だからこそ、日本は南朝鮮が経済的に困窮した際に、苦しい中でもスワップなどを通して助けてきました。それは〝友人〟として、苦しんでいる友人を見捨てられなかったからです。本来ならば南朝鮮は日本に対して深い感謝の念を持たずにはいられないはずです。

ところが、南朝鮮では下のものが上のものに対して〝献上〟するのは当たり前。ウリの中で自国は日本よりも優位であると思っていますから（これは実質、上ということではなく、願望によるものです）、感謝することなく「余計なお世話」とまで言い放ったことは記憶に新しいですよね。

結論として「友人となる日本人」はもう存在しません。数少ない友人だった日本が離れた今、南朝鮮は国際的に孤立化していくことは避けられないでしょうね。

（韓国が考える友人と日本が考える友人の違い　２０１４・９・８）

在日は日本人より上という差別意識で日本人から搾取

◆韓国検察、日系金融SBIコリアを捜索（2015・4・2 朝鮮日報）

日本のSBIグループが日本からの資金を韓国に投資する過程で経営陣がリベートを受け取っていた疑いが浮上し、ソウル南部地検証券犯罪合同捜査団は1日、同社韓国法人のSBIコリアホールディングス（ソウル市江南区）とベリタスインベストメント（旧SBIグローバルインベストメント、同市九老区）を家宅捜索の上、パソコンのハードディスクや会計帳簿を押収した。

SBIコリアホールディングスは、韓国系日本人の孫正義・ソフトバンク会長（57）が設立した投資会社SBIホールディングスの韓国法人だったが、SBIホールディングスは既に孫会長との資本関係を解消している。SBIコリアホールディングスは持ち株会社で、ベリタスインベストメント、SBIインベストメントなどのグループ企業を韓国国内に置く。SBIグループは2002年に韓国に進出して以降、活発な企業買収で経営規模を拡大し、金融業、貯蓄銀行にも参入した。

南朝鮮人は善である。

これが私たちの思考の根源にあります。全ての民族、特に日本は兄である南朝鮮が全てを教え、南朝鮮が行うことは一挙手一投足全て同じ事をする、という考えがありますが、それらも全て、南朝鮮人は善、という考えからきているんですね。

南朝鮮の金融は非常に脆弱で、ただの一行たりとも南朝鮮の経済を支えるだけの銀行が存在しません。そこに目を付けたのが在日同胞なんです。

日本の金利規制が行われたのは、在日金融に対する規制強化という面があったのですが、それは在日金融にとってはおまんまの食い上げに直結します。その関係で結構統廃合が進み、また、銀行に入り込んだ在日が画策して、銀行の傘下にすっぽり収まったりもしました。

で、その日本のブランドを得た在日金融はより利益を得られる南朝鮮に進出したんですね。脆弱な金融システムしか持たない南朝鮮ですから、そりゃあ、儲けも確保できますよね。それに目を付けたのは中国様も同じなので、銀聯が南朝鮮に深く入り込み始めています。

そうなってくると、中国寄りの今の南朝鮮にとっては在日金融は邪魔になります。ということで、暗に在日金融を批判した記事を載せたり、今回のような摘発に動いたんですね。
ただ、それだと在外同胞が悪になる。ということで、在外同胞の星である、孫氏は資本から外れたと書けるＳＢＩ、という事なんでしょうね。ここなら、在外同胞がいた時は善だけど、日本人だけになったら悪になった、と思わせることができますからね。なかなか印象操作も上手いものでしょう？　経済情報誌（朝鮮日報）って。

（韓国人は善、在外同胞も善、という思想　２０１５・４・２）

――実は、この記事には矛盾があります。私たちには二重差別ともいうべきものがあります。それは南朝鮮人が在日同胞を差別し、在日同胞は日本人を差別するというもの。一般には日本人が在日朝鮮人を差別しているかのように思われますが、実際、反日同胞が手がけてきている事は日本からの搾取であり、それは朝鮮人は日本人の上に立つという差別意識から出ている行動です。ですが、この記事では南朝鮮人と在日同胞が同列として描かれているのですね。これは、朝鮮紙日本語版は在日同胞に対する教化という側面があるからら。南朝鮮経済にとって、もう、在日同胞は無視できない存在でもあるからこう描かざるを得ないという側面もあったりします。ですが、未だに南朝鮮での在日同胞に対する差別は強烈ですけどね。

公民性がない南朝鮮人に「歩きやすいソウル」は無理

◆「歩きやすいソウル」　市民の意見募集（2014・11・29 朝鮮日報）

「歩行者にやさしい都市作りはソウルの最重要政策目標の一つです」

28日午後2時、ソウル市中区の大韓商工会議所で開かれた「歩行者にやさしい都市ソウルのための市民大討論会」に出席した朴元淳（パク・ウォンスン）ソウル市長は「歩行政策」に力を入れていると強調した。ソウル市と朝鮮日報が共同主催した今回の討論会には、専門家ではなく一般市民約300人が出席し、「ソウルの歩道」に関しさまざまな意見を交わした。

（中略）

指摘された問題点をタイプ別にまとめ、最も深刻な問題点を決める投票も行われた。市民らはインフラ改善分野では「狭い歩道」を、交通運営システム分野では「歩道を占領する違法駐停車」を最大の問題点に挙げた。法令・制度分野では「違法駐停車を取り締まろうという意志が弱い」という市民が最も多かった。

歩行政策の改善策を提案する時間には、さまざまな意見が寄せられた。施設面では「車道を減らし歩道を増やそう」と答えた人が最も多く、運営面では「違法駐車などを厳しく取り締まるべきだ」との回答が圧倒的に多かった。

目標は高い方が良いとは思います。

ですが、実現可能かどうか見極めないと。

いいですか。ソウルの皆さん。ソウルが歩きにくいのはインフラに問題があるとか、取り締まりをもっと厳しくさせる、といったことよりもっと大切なことがあります。それは、あなた方一人ひとりがモラルを持って行動することです。

大阪のミナミを歩いていて反対から歩いてきた人にぶつかることは滅多にありません。東京ならぶつかる頻度はもっと少ないです。ですが、ソウルを歩いているとこちらが避けてもぶつかってきます。念のため、ぶつかる、ではなく、ぶつかってくる。それも悪意を持って。

裏道は怖いですよ。

歩道をバイクや車が走っています。引っ掛けられそうになったことは一度や二度ではありません。これも念のため、3回という意味ではありません。沢山、という意味です。そんな状態で歩道を広げたら、車がどんどん走ってきますよ。それに、どんなに空いている歩道でも、ぶつかってくる人を避ける術がありません。

要するに、公民性がないということです。日本人は人に迷惑をかけないように教育すれば事足ります。南朝鮮は取り締まりを強化しないと改善しない。

話は変わりますが、どうして、日本にキラキラネームが増えたか知っていますか？

キラキラネームを広めたのは『たまごクラブ』です。

キラキラネームは親と子から知性を奪います。

友人の教師は「モンスターペアレンツ」はキラキラネームの親に多いと言います。

アメリカでも「ａ」の代わりに「＠」を使う人がいたり、もちろん、南朝鮮にもキラキラは沢山いて日本同様の問題がありますが、実はこの名前問題、南朝鮮が日本より先行して問題になっていました。

ベネッセが在日企業とは言いませんが、相当な親韓企業だとは思います。

その企業が当時問題になっていた南朝鮮の名前問題にヒントを得て、キラキラネーム特集を行ったのでしょう。（巷でいう、悪魔くん、騒動はたまたまでしょう。）

日本も南朝鮮のようなモラルなき国になる可能性は、昨今の問題行動を起こす人が目立ち始めている事から否定できません。

これから名付けをされるご両親は是非、日本人らしい名前を付けて欲しいと思うのです。

で、話は戻りますが、モ・ナリザとかそんな変な名前が増えている南朝鮮。

これは目立ちたい、自分が良ければ、という意識の表れです。

国民の意識を幼少期から直していかなければ、どんなにインフラを整えても、処罰・取り締まりを厳しく行っても、国民性がそのままなら「歩きやすいソウル」は一生、無理だと思いますよ。

（「歩きやすいソウル」　そのためには人間性を変えなければ　2014・11・29）

南朝鮮では女性は「奴隷」として売買されていた

◆チリで未成年者にわいせつ行為、韓国参事官を罷免（2016・12・28 朝鮮日報）

外交部（省に相当）は同日午後、懲戒委員会を開き、この参事官の釈明を聞いたが、「外交官の未成年者に対するわいせつ行為は善処の余地がない事案だ」という理由で罷免議決をしたことが分かった。懲戒委員会に出席したこの参事官は、２件の未成年者に対するわいせつ行為を事実だと認めながらも、これまで韓流を広報するために努力してきた点を考慮してほしいと述べたとのことだ。

チリにある韓国大使館で文化・公共外交などを担当したこの参事官は今年９月、韓国語を教えるとして知り合った14歳前後の現地女子生徒にわいせつ行為をした疑いが持たれている。情報提供を受けたチリの放送局は、別の女性をこの参事官に接近させ、参事官が女性に身体的接触を試みた様子を撮影・放送し、現地で怒りの声が寄せられていた。外交部は20日夜、この参事官を帰国させて事情聴取し、チリ側に要請している関連捜査資料を受け取り次第、刑事告発もする方針だとのことだ。

２０１３年から２０１５年にかけて、〝小学生〟に対するレイプ犯罪は３・３倍に増加している南朝鮮（２０１２年から２０１５年で見ると４・７倍という増加率です）。性犯罪が年々増加しているのですが、特に小学生や幼児に対する性犯罪の増加率は驚くものがあります。

こういった性暴力に抗えない年齢の女児に対する性暴力の増加と慰安婦問題の根底に

流れるものは原則同じです。

口では「未成年者に対するわいせつ行為は善処の余地がない」などと言うものの、それを予防しようという姿勢も見られず、「慰安婦は今世紀最大の戦争犯罪だ！」と言いながら、世界最大級の慰安婦輸出国として名高い。これらは女性に対する根本的な差別が横たわっているからで、「女性は奴隷」という意識が強く、強くあるからです。

南朝鮮社会において特に著しく発生する性犯罪類型は「権力を握った男性が立場的に弱い女性を相手に性犯罪を犯す」というものです。リンク先の記事では「家父長制という遺産によって変わらぬ男性中心の社会が、その構図をそのままに教育文化に強固な権威主義が支配」するとしており、その根本には「弱者に対する思いやり不足」という社会構造的な欠陥があると言います。

ですが、実際は「弱者に対する思いやり」ではなく、単なる自己顕示欲の肥大化に過ぎず、その結果として表れるものの中に「弱者に対する思いやり」が欠如しているというものがある。

社会的に一定の地位を築くと、「俺ってこんなスゲエんだぜ！」と言いたくなるのですが、実際はそこまでエライ訳ではなく、中途半端な地位は下からの突き上げと上からの圧迫に耐える自分がそこに居るだけです。そんな中で自分のエラさを出せるのが幼女・

児童に対する性犯罪、という事になるのです。

日本にも似たような犯罪はあります。小学生がレイプされた件数は２０１５年で55件。ただし、調べられた範囲でもこの件数の６割は私たちや外国人による犯罪。ですが同じ年に南朝鮮で発生した件数は４３９件であり、その加害者は１００％南朝鮮人という違いがあるのです。

素直に発生件数を人口比で修正すると20倍も小学生がレイプされる国。加害者の属性、という観点で見るならおよそ50倍も日本人よりも南朝鮮人は小学生をレイプする。

私たちは本気で性犯罪撲滅を考えないと取り返しの付かない事になってしまいます。

余談ですが、どうして性犯罪エントリーが多いのかというと、今回も触れた通り慰安婦問題と絡むからです。慰安婦の背景には、時代的な貧しさと女児を女衒に売る、家父長制、結婚年齢自体が早いなどアジア共通のものがありましたが、こういった慰安婦問題は南朝鮮人が引き起こしました。中国でも台湾でもフィリピンなどでもなく、南朝鮮。その根本にあるのが過剰な自意識と捻れた処女信仰、そして性のモンスターとしての歴史（ここは近い将来書きたいな）がある。それが、性犯罪発生件数率アジア№.１という現実を生み、それを直視したくない私たちがその問題を日本になすりつけようというのが慰安婦問題に含まれているからです。

慰安婦問題は南朝鮮だから起こった。これを根本から知って欲しいから性犯罪エントリーが多いのです。

（日本人に比べて50倍も小学生レイプが多い国、それが韓国　２０１６・12・28）

―南朝鮮には奴隷制度がありました。日本にもなくはないのですが、その奴隷に対する扱いは日南では全く異なり、朝鮮における奴隷は完全にモノとして扱われました。その奴隷制度の中に「妓籍《ぎせき》」というものがあり、これは女性だけに該当して世襲されるものです。妓籍の子は庶属《しょぞく》と言いますが、男児は場合によってはこの妓籍から抜け出す事ができたことを考えれば、女性というのは南朝鮮の中で最下層を形成していた事が分かります。実際に女性は奴隷として売買の対象であり、日南併合時だと現在の貨幣価値でおよそ10万円で売買されていました。これってアメリカで買われていった黒人よりもはるかに安かったことから、どれだけ南朝鮮人女性というのは価値がないと考えられていたかがよく分かります。そのような歴史背景があるが故に、現在も女性は虐げられており、性犯罪に巻き込まれるからこそアジア最悪の性犯罪国になったのです。

朝鮮人が代々受け継いできた対日本人交渉術

過去を振り返ることは時に大切です。

南朝鮮のように過去に囚われて前に進めないのは哀れですが、日本人は過去を振り返って〝慰安婦〟という過ちを繰り返さないために反省しなければいけません。

日本軍が慰安所を設置したのは朝鮮人兵士のためです。

だからこそ、慰安所設置者は朝鮮人が多かったのですが、朝鮮人兵士の蛮行を抑えるために設置せざるを得なかったその背景には、朝鮮人が日本人に対してどう交渉すれば良いかという交渉術が受け継がれていたことがありました。スマラン慰安所事件もその交渉術に負け、朝鮮人の要望を受け入れ慰安所を設置したせいで起きてしまいました。そういう日本人特有の〝弱さ〟を克服し、朝鮮人に対して交渉する術を身につけないと、また付け込まれてしまうのです。

日本人の反省は、間違いに飲み込まれない交渉術を身につけていなかったことです。

国立公文書館アジア歴史資料センターというところがあります。

ここは１９７１年に歴史資料として重要な公文書等の適切な保存及び利用を図ることを目的として設置されたもので、日韓関係書類の宝庫と言える場所です。そこに朝鮮始末という文書があり、朝鮮人が代々受け継いできた、対日本人交渉術が書かれているのです。

■朝鮮人待日本人六條

一 遜辭 屈己接人辞氣温恭：謙遜する。腰を低く言葉遣いも態度も穏やかに接する。

一 哀乞 勢窮情迫望人見憐：哀れみを乞う。困りきったような表情などで憐憫で見られるようにする。

一 怨言 失志慷慨激出怒膓：怨みを言う。精神を失ったかのように憤って尋常ではない激しい怒りを示す。

一 恐喝 将加威脅先試嚇動：恐喝する。相手を威圧し、脅しをかけて畏怖させる。

一 閃弄 乗時幸會翻用機関：閃くように弄する。あらゆる機会に乗じて翻弄する。

一 変幻 情態無常眩惑難測：変幻する。常に態度を変えて状態を推し量ることを難しくする。

（レファレンスコード：A03023629600：朝鮮始末（三）p91）

朝鮮人は今もそうですが、自分を正しく見せるためにはウソもつきますし、芝居も打ちます。スマラン慰安所事件では、責任を取らされ岡田慶治さんが死刑となりましたが、実際にオランダ人女性を買った朝鮮人は誰一人として処罰されていません。朝鮮人は狡猾で嘘が多いと当時の日本人も知ってはいたはずなのに、彼らを信じてしまったのは、上記のような交渉術が関係していたのです。

自戒の念を込めて書きますが、朝鮮人が本当に困っているように見えても信じてはいけません。

彼らと交渉していく上では、必ずビジネスライクに接することを鉄則に、相手が可哀想だからと言って当初の約束を変えることはしてはいけません。

そして、一番大切なのは、朝鮮人を信じてはいけないのです。信じたら騙されると思い、距離を置いて接することがあなたをウソから守ってくれるのです。

私も、いつかは日本人に信じてもらえるように、誠意をこめて会社を含め、地域に、そして日本のために働いていきたいと頑張っています。

（南朝鮮人の対日交渉術にはこう対処せよ　2014・9・13）

—他のエントリーでも書きましたが、私たちは契約というものは後から自分の都合に合わせて変えられる、と考えています。金田も仕事柄、南朝鮮企業と契約をしますが、その契約を守らず、後から自分に都合の良いように変えようとするケースが多々ありました。これは慰安婦合意でも〝遺憾無く発揮〟していますから、理解頂けると思います。南朝鮮人とは適度な距離感をもって接し、決して信じない事です。まぁ、当の南朝鮮人でさえ79％の人は他人を信じていないのですから、日本人が彼らを信じたらどうなるかは火を見るより明らかでしょうけど。

「1％の法則」でアメリカ乗っ取りを画策する南朝鮮

◆米国に吹き荒れる韓国系旋風（2014・11・8 朝鮮日報）

4日に米国で行われた中間選挙で、韓国系候補たちが1回の選挙としては過去最多の18人当選していたことが、韓国系団体の集計で分かった。韓国系候補者25人のうち3分の2以上が当選し、公職に就くことになったものだ。韓国系有権者100万人を基盤とする韓国系の政治パワーが量的にも質的にも大きく成長したと言えるだろう。

連邦下院に挑んだロイ・ジョー（韓国名：チョ・ドンフィ）候補は落選したが、カリフォルニア州・メリーランド州・ハワイ州・ジョージア州・ワシントン州議会で8人が当選した。5人は再選、3人は初当選だ。このほか、郡行政担当総責任者のスーパーバイザー1人、市長1人、市議会議員6人、教育委員1人、郡検事長1人など計18人が公職に就くことになった。

韓国系が多い米国西部のカリフォルニア州では、オレンジ郡スーパーバイザーに当選したミシェル・パク・スティール氏と、同州下院議員に当選したヤング・キム氏ら女性政治家たちが可能性を示してくれた。アーバイン市長に当選したチェ・ソクホ氏とラ・パルマ市議会議員に当選したスティーブ・ファンボ氏は共に再選だ。

ハワイ州とワシントン近くのメリーランド州で州下院議員が2人ずつ誕生した点も見逃せない。特に、メリーランド州知事に当選した共和党のラリー・ホーガン氏(白人)は「今回の選挙で最大の番狂わせ」と言われ、韓国系の妻の内助が大きな力を発揮したとされる。東洋画家のユミ・ホーガン（韓国名：キム・ユミ）さんはメリーランド州芸術大学で兼任教授を務めており、韓国系6万人の票をもたらしたと言われている。ホーガン氏は遊説で韓国系の集会に出て「私は韓国人の婿」と宣言、ユミさんは夫の当選後「キムチ冷蔵庫が知事公邸に置かれるだろう」と語った。2001年に結婚したとき、ホーガン氏は初婚、ユミさんは韓国人の元夫との間に生まれた娘3人を抱えての再婚だったという。

市民団体のニューヨーク市民参与センターでは「連邦ではないが、州議会に韓国系が多く進出したことに注目してほしい。多くの韓国系が州議会に進出したのは、実生活と関連する部分で韓国系の声を代弁することができるので意義が大きい」と語った。バージニア州で東海（日本海）併記法案が最初に通過したのも、ニュージャージー州に従軍慰安婦像が建てられたのも、韓国系有権者を意識した州議会の政治力が奏功した結果だ。

日本国内でも某政党が行っている（いた？）選挙手法があります。その選挙区に票を入れてくれる人を合法非合法で集めてしまうのです。後は「選挙があるのでよろしくねー」と声をかけまくる。これで結構な票が集まります。

日本もアメリカに多くの人が移民しましたが、その多くはハワイでした。ですが南朝鮮は違います。

1％の法則を使い、特定の議員を取り込むことを組織的に行うために、移民先を効果的に分配しています。その結果が今回の選挙、ということです。アメリカの各州にどれ位の比率で南朝鮮人がいるかの一覧がありますが、これを見たら私の言わんとしている事が理解できると思います。

たかだか100万人で18人ですからね。なかなか悪くない結果だと思いませんか？そりゃあ、既に日本でその効果を実験していたのですから、こういった結果は当たり前だったのです。

宗主国アメリカ様は南朝鮮（及び北朝鮮）にとっては邪魔な存在でもあります。それならば、日本でやった方法で取り込むのが一番。アメリカを乗っ取ろうという算段なのです。移民を受け入れる、ということはこういったリスクを生むのですが、日本の移民政策もそうですが、アメリカの移民政策はあまりにも無防備でした。

そこを突かれてしまった、というのがこの記事の教えるところなのです。日本もこれ以上、乗っ取られないよう、候補者をしっかりと調べ、出身国のために働くような議員は排除すべきだという教訓となります。

（米国に吹き荒れる韓国系旋風↓日本でおなじみの選挙手法で乗っ取り画策中　2014・11・8）


―南朝鮮人は海外へ移住する際に独自のコミュニティを形成し、その中で生活ができてしまいます。非常に閉鎖的で、このコミュニティの中には昔ながらのウリがあり、コミュニティに対する利益のために団結して事にあたります。その国の、その地域の風習や習慣に対する理解や尊敬などはありませんので、結果として南朝鮮人は多くの揉め事の中心となります。もし、私たちがその地域に溶け込もうとしていれば、様々な問題を引き起こさなかったであろうに、と思わざるを得ないのです。

なぜ日本が南朝鮮のいいなりになってしまったのか

頂いた質問について、あくまで私見、ということで書いていきたいと思います。

質問：日本に対してどうしても確認しておきたいことがひとつあります。それは、80～90年代くらいであれば、朝鮮の日本統治時代を知っている人が大勢いたと思うのです。当然、政治家にもいたと思われるし、調べればある程度の状況は解ったはずです。なのに、前民主党政権までの日本政府は韓国の主張する歴史を認め、謝罪してきたのか?。なぜ、韓国の主張に対して反対する声が上がらなかったのか?

80年代はまだ、帰化人代議士は少数派でした。そして、大物代議士、と呼ばれる人たちは純粋な日本人が多かった時代なんですね。

メディアにも在日はいましたが、まだぺーぺーで力を誇示できるような状態ではなかった。それではどうして、南朝鮮の〝いいなり〟になってしまったのか。

私が考えるのは、

・元、宗主国としてのけじめを利用した教化（洗脳）
・南朝鮮開発利権

の二つだと考えています。

例えば、南朝鮮が誇る「漢江の奇跡」は日本の資金と技術と人材がなければ成し得ませんでした。一般にはベトナム戦争特需ということになっていますけど、実際は、その特需を請け負うだけの下地を日本が与えていたのです。この資金には在日も関与しており、見返りも受けているようですね。

そういった資金で更に日本国内で大きくなっていった在日企業が、今度は政治家を利用し始め、そして、政治家を輩出していくことになった。その過程で、南朝鮮有利な外交を展開していったのです。何せ、この頃の南朝鮮は今以上の反日体制ですからね。

日本の文化はパクっても日本の文化そのものを取り入れることはなかった。映画にしろドラマ、アニメにしろ。今とは違いそういった面で強固な反日（禁日）だった。ただ、南朝鮮にとって良かったのは、今と違ってインターネットがなかったんですよね。それがあるから、在日は少しずつ親韓国家としての日本を形成することができたのです。

正直、戦後～平成初期までの民族学校の生徒たちは酷かったですから、日本人は心の中では相当嫌っていたと思います。ですが、日本の教育を牛耳っていた在日は「旧・宗主国としてのけじめ」を植え付けていたから、日本人は表だって、私たちに対する声を上げることができなかった。

そういった、嘘の歴史を教え込むことで、日本人を教化し、メディアなどを使って南朝鮮の砂上の楼閣といったイメージを形成していったのです。それにより、南朝鮮有利の外交を展開しても、日本国民は異を唱えることができなかったのです。

そう、この教化は、私たち在日にも行われています。少しずつ、洗脳から解放されていますが、洗脳は解放されつつある時が一番、恐怖を感じ、より洗脳状態に戻ろうとします。それが、今の反日同胞の姿なのではないかと、金田は思うのですが、以上は、正確な文献のない話（私たちの間で言われていること）なども混ざっていますので、ご了承ください。

（対韓政策、80年代の失敗　2015・2・16）

――金田はブログを書く際には南朝鮮のソースを明示できるように努めてきました。思い込みだけで記事を書くのはこのブログ全体の信用度を落としてしまうからであり、在日同胞がブログを読む際に受け入れやすくなると考えたからです。

ただ、それだけではなかなか受け入れにくいのもあり、要所要所で、私たち在日朝鮮人であれば頷《うなず》けるような内容も散らしてきました。こうする事で、在日同胞が少しでも本当の歴史や南朝鮮の実態を知るきっかけとなって欲しいと考えたからです。

実際に、南朝鮮から一番、距離を置かれているのは私たち在日朝鮮人でしょう。どんなに献金をしたり何かあるごとにお金を出してきても、南朝鮮における私たちへの評価は変わりませんでした。そろそろ、その国に住まわせてもらう、という意味を理解して日本人に同化していく事を選択すべき時期が来ていると思います。

日本の風習を学び、日本人が大切にしてきた考え方を尊重して、それを実践する。南朝鮮のためではなく日本のために生きる。日本を変えようとするのではなく、私たちが変わる事で多くの問題は好転するのだと知ってもらいたいのです。

エピローグ　―日本の良さを次世代に、そして在日の新しい未来へ―

「純粋な日本人の皆様へ。

実は私たち帰化人は非常に投票率が高く、それが売国議員を増やす原動力となっています。純粋な日本人の皆様は投票率が低く、それによって様々な国益を失う事になっている事を知って、是非、投票に向かってください。日本を作るのは帰化人ではなく皆様なのです。」

これは金田のTwitterで長くトップに表示していたものです。何が「純粋な日本人」なのか、という声も頂きました。これは少し回答しにくいものだとは思うのですが、金田が思うに、「純粋な日本人」というのは帰化人か否か、という考え方もできますが、それよりも、「日本の事を良くしたいと考える日本国籍の人」とした方がすっきりするかも知れません。

総務省によると「第48回衆院選の投票率は53・68％（小選挙区）で、戦後2番目に低い水準」だったのだそうです。ところが、帰化人である私たちは組織で投票を促すので投票率が〝異常〟に高いのです。それに対して日本人はというと地方選は既に4割を切っており、千葉県の知事選は31・18％と3割ですら下回りそうな状況です。特に若者の選挙離れが著しいと言われ、そういった人たちが日本の中心世代になる頃には衆院選ですら3割台になってしまう可能性があるのです。

日本人の皆様。反日同胞はこの選挙を通して様々な案件を実現してきています。特に、地方では外国人参政権を認めてしまったところもあり、非常に残念な政策が推し進められていたりもします。「日本を日本人のものに」を実現させるためには、一人でも多くの日本人が投票する事で帰化系日本人の思惑を薄める事ができるのです。

あなたの家族に、友人に、そして社会で繋がっている人たちに、選挙に向かうよう声をかけてください。それが次世代へと今の日本の良さを伝えるために、力を持たない一般国民ができる唯一の方法だと金田は思うのです。

そして、在日朝鮮人同胞には、住まわせてもらっている日本のために貢献する人が一人でも増え、日本人と力を合わせて日本の発展に尽くすようになることが金田の切なる願いです。

残念ながら、現在、日本と南朝鮮との間には非常に大きな壁が横たわってしまっています。その壁は、主に南朝鮮人側からの偏見から作られているものです。その偏見を正すのは、祖国と血の繋がりのある私たち在日こそが適任ではないかと思っています。

この本が「在日の新しい未来」を切り拓く縁《よすが》となれば幸いです。

※この本の印税について出版社と協議した結果、著者への印税支払いはなしとし、代わりに相当額を南朝鮮の理解を深めるための出版費用（この書籍のではありません）に充てることとなりました。また、日本国内における被災地への義援金として出版社を通して日本赤十字社に募金させて頂くことになっております（書籍売上の１％、増刷があった場合は書籍売上の３％に相当する金額）。

本書籍に関して、読者の皆様からのご質問はブログ「在日朝鮮人から見た韓国の新聞」(http://blog.livedoor.jp/kanedashoji70/) にて受け付け致します。

金田正二（かねだしょうじ／ペンネーム）

関西在住の元在日朝鮮人３世の帰化人で、現在、日本の大手企業で役職も務める。父より日本に溶け込むよう教育を受け、高校までは日本の学校で学んだが、自虐史観で習った日本に誇りを持てず、祖国・韓国に淡い期待を抱き、ソウルの大学で学び、兵役も務める。しかし、同胞と思っていた南朝鮮人から「在日は裏切り者だ！」と差別され続けたことで自分の祖国は日本であったことに気づかされる。更に帰国後、習った南朝鮮の歴史と日本で学んだ歴史の違いを資料にあたり、南朝鮮で習った歴史が真史ではない事を確信。以来、韓国と在日社会のおかしさを正すため、在日同胞や南朝鮮の親戚に地道に語りかけてきた。
日本への恩返しの思いも込めたブログ『在日朝鮮人から見た韓国の新聞』では、日本人では決して知り得ないであろう記事の真相を、在日３世ならではの視点から鋭く解説。多くの好評価を得、ブログランキングでは常に上位をキープし、2017年末には訪問者1000万人を突破。韓国関連のブロガーとして、今最も注目されている一人。Twitterでは、帰化日本人活動家として「反慰安婦活動」も行っている。自身の安全のために、ブログなどは金田正二というペンネームで活動をしている。

差別された韓国で気づいた　ふるさと日本

2018年5月 8日　初版第1刷発行
2018年7月25日　初版第2刷発行

著　者　金田正二

発行者　山口春嶽

発行所　桜の花出版株式会社
〒194-0021　東京都町田市中町1-12-16-401
電話 042-785-4442

発売元　株式会社星雲社
〒112-0005　東京都文京区水道1-3-30
電話 03-3868-3275

印刷・製本　株式会社シナノ

本書の内容の一部あるいは全部を無断で複写（コピー）することは、著作権上認められている場合を除き、禁じられています。
万一、落丁、乱丁本がありましたらお取り替え致します。

©Kaneda Syoji 2018 Printed in Japan ISBN978-4-434-24510-7 C0036

桜の花出版 好評既刊

日本によって近代化した真実の朝鮮史

欧米の識者が語った3部作。韓国人が言っていることはでたらめだった！

『THE NEW KOREA 朝鮮《コリア》が劇的に豊かになった時代《とき》』

アレン・アイルランド著　桜の花出版編集部編　日英対訳

★超一級の歴史資料　米国で 1926 年発行　希少文献！
植民地研究の第一人者の日韓併合分析 約 100 年前、日韓併合を目撃した英国人研究者が詳細に当時の様子を記録・分析。日本の統治を絶賛している。併合前の朝鮮の環境の劣悪さと、日本のお陰で、インフラ、衛生、医療、犯罪、警察、教育、産業などありとあらゆる分野が飛躍的に向上したことを示している。日韓の知識人必読の書。　（A5 判並製 695 頁　定価 2800 円＋税 ★電子）

『1907』IN KOREA WITH MARQUIS ITO（伊藤侯爵と共に朝鮮にて）

ジョージ・T・ラッド著　桜の花出版編集部編　日英対訳
（A5 判並製 590 頁　定価 2270 円＋税 ★電子）

『朝鮮はなぜ独立できなかったのか』

1919 年朝鮮人を愛した米宣教師の記録　アーサー・J・ブラウン 著
桜の花出版編集部訳　（A5 判並製 828 頁　定価 4400 円＋税 ★電子）

『日韓併合を生きた 15 人の証言』

「よき関係」のあったことをなぜ語らないのか　呉 善花 著
（四六判並製 304 頁　定価 1400 円＋税）

シリーズ日本人の誇り⑩
『朝鮮總督府官吏 最後の証言』 桜の花出版編集部

★江原道行政官・西川清氏へのロングインタビュー！
80 年以上前の朝鮮で朝鮮人の知事が統括する行政組織で朝鮮人と共に働き、朝鮮が第二の故郷となった西川氏が証言する「日本人と朝鮮人はとても仲が良かった！」。　（B6 判並製 240 頁　定価 1400 円＋税 ★電子）

◆シリーズ日本人の誇り

① 『日本人はとても素敵だった』 楊 素秋 著 ★電子　通算 12 刷突破のロングセラー！
② 『帰らざる日本人』 蔡 敏三 著
③ 『母国は日本、祖国は台湾－或る日本語族台湾人の告白』 柯 徳三 著
④ 『素晴らしかった日本の先生とその教育』 楊 應吟 著
⑤ 『少年の日の覚悟－かつて日本人だった台湾少年たちの回想録』 桜の花出版編集部
⑥ 『インドネシアの人々が証言する日本軍政の真実』 桜の花出版編集部
⑦ 『フィリピン少年が見たカミカゼ』 ダニエル・H・ディソン 著
⑧ 『アジアが今あるのは日本のお陰です』 桜の花出版編集部
⑨ 『零戦老兵の回想』 原田 要 著 ★電子

★電子：電子書籍有り

https://www.sakuranohana.jp